# SANA A TU NIÑO INTERIOR

DESCUBRE A TU VERDADERO YO, SUPERA LOS
TRAUMAS DE LA INFANCIA Y PROFUNDIZA TUS
VÍNCULOS CON AMOR PROPIO, LA SANACIÓN
DE CHAKRAS Y LA CONEXIÓN CON TU LLAMA
GEMELA

## S. M. WENG

# TABLA DE CONTENIDO

# INTRODUCCIÓN

*La única forma que tiene otra persona de molestarte es con tus propios pensamientos.* –Joseph Murphy

Tu mente subconsciente, también conocida como tu niño interior, es la responsable de controlar aproximadamente el 95% de tu vida (Positive Creators, 2020). Esto significa que si solo manejas de forma consciente el 5% de tus pensamientos, quizás sientes que no tienes demasiado control sobre tu vida. Por este motivo, puede ser que sientas inseguridades, falta de aprecio, vergüenza o culpa sin motivo aparente.

Suena como que estás pasando por muchas cosas en este momento. Después de todo, es por ello que has comprado este libro: para recibir ayuda. Quizás sientes que caminas todo el tiempo sobre cáscaras de huevo, intentando complacer a los demás y evitar conflictos. Puede ser difícil soltar y aceptar nuevas experiencias cuando luchas contra la ansiedad y la falta de confianza. Quizás sientes que siempre apuntas a la perfección, pero jamás la alcanzas. Cuando te sientes abrumado e inseguro de ti mismo, es normal preocuparte por tu capacidad de mantener relaciones sanas o administrar tu dinero. Es evidente que cargas con un peso pesado y sientes un enorme miedo al rechazo o al abandono. Quiero que sepas que tus sentimientos son válidos y es aceptable buscar apoyo cada vez que lo necesites.

Mi nombre es Susye. Veo que se menciona esta clase de problemas entre mis seguidores en mis redes sociales, y me identificaba con ello, pues me he enfrentado a muchos desafíos similares en mi propia vida. Cuando solo tenía cuatro años, mis padres se enfadaron conmigo y me dijeron que me portaba mal, aunque considero que mi comportamiento era normal en relación con lo que hacen la mayoría de los niños de esa edad. Lo que más me dolió en realidad fue que me dijeran que me abandonarían. Me hizo sentir miserable y asustada.

Un día, mientras estábamos yendo en el coche por un camino desconocido, lejos de casa, mis padres detuvieron el vehículo, abrieron la puerta, y me dijeron que me bajara. Me abandonaron al costado de un puente, en Brasil, y se alejaron. Condujeron alrededor del lugar durante unos cinco o diez minutos, que para mí fueron horas, antes de regresar a recogerme. Esto se convirtió en uno de los grandes desencadenantes en mi vida: tenía miedo de que volvieran a abandonarme, lo que me hizo sentir ansiedad por separación toda mi vida cada vez que una persona a la que consideraba segura me dejaba sola durante un tiempo. Esto reactivaba mi miedo y provocaba grandes inseguridades.

Como era una niña de cuatro años, entré en pánico, y sin saberlo, jamás me recuperé de ese evento. Fueron muchos años después, de adulta, cuando comencé la meditación del niño interior para desbloquear mi miedo al abandono, que logré hacer las paces con esa experiencia.

Como experimenté las mismas cosas que muchos de mis seguidores, estaba decidida a encontrar respuestas sobre por qué sentía que algo en lo más profundo de mí no estaba bien. Tenía que saber por qué respondía y me comportaba de la forma en que lo hacía y por qué creía ciertas cosas cuando los demás cuestionaban mis creencias. Veía mucho revuelo entre mis seguidores y en mi propia vida. Entonces, decidí viajar y usar mis experiencias como oportunidades para encontrar respuestas en prácticas ancestrales.

Estuve casada durante 28 años, pero debido a las heridas de mi niña interior que jamás sanaron, tenía muchos miedos y terminé saboteando mi matrimonio. Tras mi divorcio, me embarqué en un viaje espiritual y me conecté con mi llama gemela. Cuando sané a mi niña interior, finalmente pude comprender todo lo que me impedía desarrollar mi potencial en esta vida. Mis seguidores y mi propio pasado me inspiraron para escribir sobre sanar al niño interior, y en mis viajes aprendí muchas técnicas holísticas, mentales y espirituales.

Pasé por muchos métodos, seguí los consejos de la psicología y el espiritualismo y pasé tiempo perfeccionando mi enfoque. Empleé la cultura occidental y oriental para diseñar HEAL, un proceso único de sanación con consejos prácticos que puedes seguir a diario y me concentro únicamente en la meditación del niño interior para completar el proceso de integración y sanación.

Las personas como yo y mis seguidores no son las únicas que han tenido problemas para superar traumas del pasado. Drew Barrymore, una famosa celebridad de Hollywood, también sufrió de pequeña. Hace poco, sus fanáticos celebraron un divertido video de la actriz y conductora de *talk show* disfrutando de la lluvia mientras reflexiona sobre su duro pasado, el cual se volvió viral en las redes sociales. En el video, ella alienta a sus fanáticos a hacer lo mismo si tienen la oportunidad. Su actitud positiva y original perspectiva inspiró a muchas personas. Sin embargo, también abrió el debate sobre la difícil infancia de Barrymore y su experiencia como estrella infantil en Hollywood. Un fanático incluso comentó que "nadie trabaja más duro para sanar a su niña interior que Drew Barrymore".

Al leer *Sana a tu niño interior*, podrás lograr una vida libre del peso de las heridas y luchas del pasado con las que carga tu niño interior. Esto te permitirá ser la persona que realmente deseas ser, creer en lo que quieras creer y actuar de maneras que se alinean con tus verdaderos deseos. Con la información de este libro, aprenderás a controlar a tu niño interior y crear un buen vínculo con él, lo que te dará paz mental para toda la vida.

Descubrirás lo siguiente:

- Por qué eres como eres y quién es tu niño interior.
- La psicología que arraiga tus creencias.
- Por qué tu niño interior reacciona de la manera en que lo hace.
- Por qué tu vida sufre por un niño interior herido que necesita sanar.
- Las formas de identificar las heridas de tu niño interior.
- Cómo reconocer los problemas más comunes que causan los traumas del niño interior.
- Cómo encontrar un camino de sanación mediante el proceso HEAL.
- Los pasos que necesitas para criar a tu niño interior y sanar sus traumas.
- Cómo discernir tu proceso para reunir a las llamas gemelas.
- Cómo establecer límites que aplicarán nuevos hábitos.
- Modelos de integración que fomentan la sanación del chakra y la meditación.

Estoy tomando un camino nuevo en la vida, desafiando al

proceso de la llama gemela, para regresar el karma y la fortuna a mi niña interior, donde antes todo era oscuridad. La sanación de chakras, un método espiritual con fundamentos psicológicos, no es una estrategia muy conocida, pero puedo asegurarte que funciona.

*Sana a tu niño interior* te ayudará a descubrir tres simples pasos para sanar a tu niño interior y saber qué lo hizo convertirse en lo que es, y encontrarás beneficios duraderos al poner en práctica el práctico y rutinario consejo de amarte a ti mismo, sanar el pasado y brillar como nunca ante los demás.

Encontrar el camino para sanar a tu niño interior no será fácil, pero debes comenzar por entender qué es lo que salió mal. Luego podrás pasar a la acción con tres simples pasos para sanar las heridas de tu niño interior. ¿Es este uno de tus deseos más profundos? Si es así, únete a mí en este proceso a través de la base de la concepción de tu niño interior.

# MATERIAL ADICIONAL

Queridos lectores,

Gracias por leer mi libro SANA A TU NIÑO INTERIOR.
Como regalo especial, estoy incluyendo este MATERIAL
ADICIONAL.

https://www.smwengbooks.com

Espero que este libro les sirva como guía en el viaje espiritual de su niño interior. La sanación del niño interior no es

simplemente una palabra de moda; es un enfoque profundo respaldado por la evidencia arraigada en la psicología y la terapia. Les invita a explorar su pasado, comprender y sanar heridas emocionales, y construir un futuro más brillante.

Como agradecimiento por elegir mi libro, me agrada proporcionarles este MATERIAL ADICIONAL como un regalo especial.

Con amor y luz en tu camino,
S. M. Weng

# 1

## ¿QUIÉN ES TU NIÑO INTERIOR?

*La primera mitad de la vida está dedicada a formar un ego sano, la segunda mitad es para mirar en nuestro interior y dejarlo ir. –*
Carl Jung

¿Recuerdas esa fastidiosa vocecita en tu cabeza que te molesta todo el tiempo? Tu niño interior nunca duerme, incluso mientras tú lo haces. Es cierto que nuestro niño interior no aparece en nuestras mentes de la noche a la mañana. En cambio, toma años de condicionamiento, tal como se muestra en la psicología y en las prácticas holísticas. Por lo tanto, es imposible vigilar constantemente al niño interior; siempre está aprendiendo, absorbiendo y decidiendo qué hacer después. Entonces, descubramos quién es tu niño interior, de dónde viene y de qué manera el condicionamiento lo transformó en el alma herida con el que te encuentras hoy.

## El nacimiento de tu niño interior

¿Quién es este niño interior? ¿Qué significa trabajar con nuestro niño interior y sanarlo? Vamos a hablar sobre el pasado histórico de la noción de "niño interior", sus diferentes interpretaciones y la independencia que conlleva aprender a conocernos mejor.

*La psicología y la filosofía: una perspectiva histórica–La idea del niño interior*

La mayoría de las personas cree que Carl Jung (1875-1961) fue la primera persona que usó el término "niño interior" (Pikörn, 2019). Jung describe varios arquetipos, incluido el niño divino. No estaba de acuerdo con la noción de que llegamos a este mundo como hojas en blanco; más bien pensaba que todos tenemos "imágenes primordiales" que ya existían antes de que naciéramos. Este concepto se menciona en las filosofías orientales, al igual que el concepto de las vidas pasadas y futuras. El inconsciente colectivo también se expresa a través de arquetipos jungianos. Son potenciales que se manifiestan como comportamientos e interacciones con el entorno externo al ingresar a la consciencia. El arquetipo es una parte subconsciente de nuestro ser que guía nuestra manera de actuar.

En la ciencia cognitiva más conocida, la imagen del "niño interior" es un componente de nuestra personalidad creado con lo que hemos aprendido y vivido en nuestra infancia (Pikörn, 2019). La personalidad del niño interior está por debajo de la mente consciente, pero influye en ella de todas maneras. Si el niño interior está herido, preocupado o molesto, el efecto será negativo.

El rol de la terapia jungiana es reparar a este niño interior. Al adoptar el rol parental al niño interior (en inglés, *reparenting*), los psicoterapeutas ayudan a sus pacientes a entender sus traumas y su dolor. Al trabajar con el niño interior con compasión y mostrarle formas únicas de actuar, el adulto ya no se siente obligado a actuar de acuerdo con los deseos del niño salvaje subconsciente.

### Satisfacer las necesidades del niño interior

Roberto Assagioli, quien acuñó el término "psicosíntesis" a principios del 1900 para describir el estudio de nuestra alma y personalidad, pensaba que era importante sanar los traumas de la infancia para que el ego crezca sanamente, pero que el objetivo de la "autorrealización" y las experiencias espirituales también son importantes para crecer como personas (Pikörn, 2019).

La jerarquía de las necesidades de Abraham Maslow ubica a la autorrealización en la cima, lo que contribuyó a su popularidad. Según la teoría de Maslow, una persona puede comenzar a percibir su potencial una vez que satisface sus necesidades básicas, como el alimento, el agua y un refugio (Pikörn, 2019).

Estos psicoterapeutas del pasado afirman con certeza que la "autorrealización", es decir, alcanzar nuestro máximo potencial, no ocurrirá hasta que hagamos las paces con el niño que vive dentro de nosotros y sus necesidades.

### *Las filosofías orientales y el niño interior, incluidos los conceptos de karma y renacimiento*

### El karma y tu niño interior

Las leyes del karma nos enseñan que nacemos de nuevo porque no hemos completado nuestra misión en una vida pasada. Además, como las necesidades que no sabemos que ya hemos satisfecho motivan nuestras acciones en el presente, este ciclo se repite una y otra vez en nuestras vidas.

El niño interior herido desea ser sanado. El niño dentro de nosotros que vive en la ira, la angustia, el miedo, la culpa, el enojo o la humillación huye del mundo o se enfrenta a él porque no puede manejar estas emociones fuertes. Puede basarse en un pensamiento rígido y creencias sólidas como una manera de mantenerse a salvo del mundo. Necesita amabilidad y la guía de un adulto para confiar y sentirse pleno. Nuestros problemas del pasado seguirán regresando hasta que sanemos a nuestro niño interior. El karma dice que seguiremos haciendo las mismas cosas hasta que decidamos detenernos. Jung habló sobre las "fuerzas subconscientes ocultas" del niño interior, pero los filósofos orientales hablan sobre cómo comienza el karma. Esas semillas se plantan firmemente en nuestro subconsciente y seguirán creciendo y convirtiéndose en cosas malas hasta que tomemos la decisión de reemplazarlas con semillas sanas o liberarlas mediante la autosanación.

La buena noticia es que tú, como padre o madre, has liberado al niño en tu interior. Sí, así como las semillas del karma, las habilidades latentes del arquetipo del niño interior también se pueden recuperar. Podemos plantar las semillas del buen karma y las buenas cualidades de un niño interior que fue sanado puede ayudarnos. Un niño interior sano y salvo se mantiene en el presente, no se aferra a creencias cerradas y está de acuerdo con la idea de soltar. Nuestro niño interior es curioso, le gusta jugar y ve el lado divertido de las situaciones serias. Al reconectarnos con él, nos guiará hacia una vida más plena.

### Tu niño interior sanado

El niño interior desea ayuda. Ese es el fundamento de la psicología budista. No podemos lograr nuestro destino en la vida si no sanamos a nuestro niño interior primero. El líder espiritual budista afirma que debemos usar la conciencia plena para escuchar a nuestro niño interior con amabilidad (Hanh, 2010).

En la filosofía budista, la conciencia se divide en dos categorías: la conciencia activa (mental) y la conciencia arraigada, similar al subconsciente, donde guardamos nuestras semillas del karma y vive nuestro niño interior. Tenemos la oportunidad de hacer que nuestras mentes sean más conscientes cada día.

Cada día tenemos la oportunidad de crear más consciencia en nuestra mente al meditar y hacer hasta las tareas más aburridas con atención plena. A medida que aumenta nuestra conciencia, escucharemos la voz de nuestro niño interior con más claridad. Los primeros pasos hacia la reconciliación son prestar atención y escuchar. Tan pronto admitamos que tenemos un niño interior que pide a gritos ayuda, podremos cuidar de él y adoptar el rol parental con amor propio y compasión.

### Ideas modernas sobre el niño interior

En la actualidad, contamos con muchos terapeutas y una infinidad de recursos en línea disponibles para ayudarnos a sanar a nuestro niño interior. ¡Qué afortunados somos!

El término "niño interior" no quiere decir que hay un niño pequeño dentro de tu cuerpo o que una parte de tu cerebro piensa como un niño. El principio fundamental es que todas las personas tienen una parte de su mente subconsciente que es como un niño. Podemos pensar en el niño interior como nuestra "subpersonalidad" (Jacobson, 2017). Es una parte de tu personalidad que puede aparecer cuando estás en problemas.

Las partes "feas" y "agradables" del niño que alguna vez fuimos se muestran en nuestro niño interior. Aún tenemos sentimientos y necesidades de cuando éramos pequeños que no se han satisfecho. También seguimos teniendo la inocencia, la creatividad y la alegría que sentíamos de niños. Si querías agradarle a los demás, te decían que no expresaras ciertas emociones. Entonces, si solo recibías atención cuando eras un niño "bueno", tu niño interior debe estar lleno de ira, decepción y rebeldía. Si has sufrido maltratos o abuso, quizás has aprendido a ocultar tu dolor y tus miedos para seguir con vida. El niño interior también puede ocultar las cosas que nuestros padres, maestros u otros adultos nos han hecho pensar sobre nosotros mismos; cosas como "no eres lo suficientemente bueno" o "no hagas eso, es muy difícil". Entrar en contacto con tu niño interior puede ayudarte a descubrir de dónde vienen tus problemas en la adultez. Trabajar en tu niño interior te ayuda a encontrar y soltar las emociones reprimidas que te inhiben, descubrir cuáles son tus necesidades insatisfechas, acabar con los malos hábitos, ser una persona más creativa y divertida y tener más respeto por ti mismo.

Existen muchas formas de sanar problemas emocionales y psicológicos en la actualidad. Algunas clases de terapia no hablan del pasado o de la idea de "niño interior". La terapia cognitiva conductual es un ejemplo de ello. Se centra más en cómo están conectados tus acciones, sentimientos y pensamientos.

## El desarrollo del niño interior

¿Dónde comienza tu niño interior y cómo aprende a comportarse de la manera en que lo hace? Desde que nacemos, antes de que siquiera podamos tomar decisiones conscientes, nuestro niño interior recibe mensajes. A menudo, esos mensajes son dañinos.

El "niño interior herido" es un término utilizado en psicología para hacer referencia a las heridas emocionales que las personas arrastran de experiencias traumáticas o dolorosas de su infancia o necesidades que no fueron satisfechas (Davies, 2020). Esas experiencias hacen que el niño interior reaccione de ciertas maneras, con sentimientos de abandono, miedo, vergüenza o falta de autoestima. Estos comportamientos se manifiestan de varias formas, como el autosabotaje, los comportamientos adictivos y la dificultad para confiar en los demás. Sanar al niño interior herido implica reconocer estos eventos del pasado, aprender a amar y cuidar al niño interior y pensar en formas sanas de lidiar con los desencadenantes que pueden hacernos sentir mal. Con la ayuda de la terapia, el apoyo y la conciencia personal, podemos trabajar para sanar a nuestro niño interior y vivir una vida más plena.

Los primeros años de vida de un niño son cruciales para la formación de su desarrollo emocional. Cuando un niño sufre abandono emocional, psicológico o físico, aprende a tener miedo y sentirse abandonado de diferentes maneras. Esto afecta a su crecimiento emocional y a su capacidad de forjar vínculos en el futuro.

Cuando las personas que están al cuidado de un niño no satisfacen sus necesidades emocionales, como el amor, la aprobación o la atención, ocurre un abandono emocional. Esto sucede cuando los padres no están emocionalmente disponibles o preocupados, lo que hace que el niño se sienta invisible y poco importante. Como resultado, el niño crece sintiendo que no es digno de amor o afecto y puede tener dificultades con la intimidad o problemas de confianza en sus relaciones como adulto.

Cuando un niño no recibe la estimulación emocional y mental necesaria para desarrollar su inteligencia y unas emociones sanas, se produce un abandono psicológico. Esto puede darse cuando un niño está solo durante largos periodos de tiempo. Los niños que sufren abandono psicológico pueden desarrollar sentimientos de ansiedad, baja autoestima y depresión.

El abandono físico implica no satisfacer las necesidades físicas del niño como la comida, un lugar donde dormir, vestimenta y cuidados médicos. Esto puede ocurrir cuando los cuidadores no pueden o no desean proveer necesidades básicas al niño, lo que resulta en inseguridades y miedo en su interior. Un niño que no ha recibido cuidados físicos puede tener problemas en sus relaciones adultas para confiar, regular sus emociones y sentirse seguro.

Estos tipos de abandono pueden tener un fuerte impacto en la salud mental y emocional de un niño al generar miedos y sentimientos de abandono. Para ayudar al niño interior y aprender formas sanas de lidiar con los problemas, es importante reconocerlos y lidiar con esos problemas lo más pronto posible con terapia y apoyo.

Como el concepto del niño interior refiere a las experiencias emocionales y psicológicas que las personas arrastran de la infancia a la vida adulta, se cree que el niño interior es parte de la psiquis que retiene las experiencias y los recuerdos emocionales de nuestros primeros años de vida. Años después, se puede manifestar como miedos irracionales, inseguridades y patrones de comportamiento.

La edad del razonamiento es alrededor de los siete años, cuando los niños comienzan a desarrollar una forma de pensar más lógica y racional. Sin embargo, el niño interior puede comenzar a sentir miedo mucho antes de la edad del razonamiento.

En la infancia, confiamos en que nuestros cuidadores satisfarán nuestras necesidades y nuestros cerebros están programados para detectar potenciales amenazas en nuestro entorno. Si nuestros cuidadores no nos brindan apoyo y cuidado constante, o cuando pasamos por algo traumático, nuestros cerebros lo ven como una amenaza para nuestra supervivencia.

Como resultado, el niño interior comienza a desarrollar miedos irracionales y ansiedad mucho antes de que la mente lógica se termine de desarrollar. Esos miedos pueden estar arraigados en experiencias tempranas de abandono o abuso y pueden seguir influyendo en nuestras emociones y comportamientos en plena adultez.

Es vital reconocer y abordar estos traumas y miedos tempranos con terapia y conciencia de uno mismo. Al trabajar para sanar a nuestro niño interior herido, desarrollaremos comportamientos y patrones emocionales más sanos y crearemos vínculos más fuertes y plenos con nosotros mismos y los demás.

*¿La ciencia moderna respalda el condicionamiento temprano del niño interior al miedo y la inseguridad y los problemas que revela en la vida adulta?*

La ciencia moderna dice que las experiencias tempranas de una persona con el miedo y la inseguridad en la infancia puede tener un impacto significativo en su vida adulta. Investigaciones en psicología del desarrollo demuestran que las mentes subconscientes de los niños absorben una gran cantidad de información en los primeros seis años de vida, lo cual produce efectos duraderos en el desarrollo emocional y psicológico.

Durante el periodo sensible, hasta los seis años de edad, el cerebro de un niño es muy susceptible a la información que recibe de su entorno. Este periodo es muy importante para el aprendizaje y el desarrollo, pues es cuando el cerebro realiza conexiones neurales que sientan las bases para nuestra manera de sentir y pensar en el futuro.

Esta información la recibe y la procesa la mente subconsciente, la cual crea patrones de pensamiento y comportamiento que pueden permanecer en una persona hasta la edad adulta. La mente analítica comienza a desarrollarse entre los cinco y ocho años de edad, y aquí es donde se considera que comienza a formarse el "niño interior".

Entre los ocho y doce años de edad, la puerta entre los pensamientos conscientes y los subconscientes se cierra y se hace más difícil llegar a ese niño interior herido y sanarlo. Esto muestra que los sentimientos tempranos de miedo e inseguridad pueden tener un efecto en la salud emocional y mental de una persona durante un largo tiempo.

**Las teorías de condicionamiento clásico y condicionamiento operante**

El condicionamiento clásico es un tipo de aprendizaje en el que un estímulo, como un sonido o aroma, se asocia a una determinada respuesta, y el condicionamiento operante es un tipo de aprendizaje en el que las consecuencias moldean el comportamiento. Por lo tanto, el condicionamiento clásico implica aprender a través de asociaciones y el condicionamiento operante implica aprender a través de consecuencias.

El condicionamiento clásico es un tipo de aprendizaje en el que un estímulo que no produce una respuesta de manera natural (un estímulo neutro) se asocia repetidamente a un estímulo que sí produce una respuesta (un estímulo no condicionado) hasta que el estímulo neutro produzca la misma respuesta por sí solo (respuesta condicionada).

El condicionamiento operante es un tipo de aprendizaje en el que los comportamientos se fortalecen o debilitan según las consecuencias que los suceden.

Ahora hablemos sobre la respuesta del miedo. Cuando vivimos un evento atemorizante, nuestro cuerpo genera una respuesta de lucha o huida, un mecanismo de supervivencia natural. Sin embargo, si ese evento está asociado a un estímulo neutro, como un sonido o un lugar, nuestro cerebro puede aprender a asociar ese estímulo neutro con el miedo y sentimos ansiedad o miedo en situaciones similares, incluso si no hay una amenaza real.

Este tipo de condicionamiento afecta nuestra forma de actuar y reaccionar durante un largo tiempo, incluso en la adultez. También puede crear heridas emocionales en el niño interior, ya que estas experiencias pueden determinar nuestras creencias y percepciones sobre el mundo que nos rodea.

Los niños aprenden a través de su entorno, lo que significa que la mente subconsciente absorbe la información del mundo que los rodea durante la infancia. Esta información determina sus creencias, valores y comportamientos, y en última instancia, afecta a su salud mental y emocional como adultos (Dalien, 2015).

El entorno en el que un niño crece puede tener un profundo impacto en su niño interior. La información que el niño absorbe del entorno se almacena en su mente subconsciente. Esta información puede ser positiva o negativa de acuerdo con el entorno en el que ha crecido el niño. Por ejemplo, si un niño crece en un hogar donde se lo alienta a expresar sus emociones y se le brinda apoyo y amor, es probable que tenga un niño interior sano. Por el contrario, si un niño crece en un hogar donde se lo critica, ignora o maltrata constantemente, es más probable que tenga un niño interior poco sano.

La salud de un niño interior depende de lo que el entorno le haya alimentado durante su infancia. Por este motivo, es importante que los padres y otros cuidadores proporcionen a los niños un lugar sano y amoroso en donde crecer. Esto los ayudará a desarrollar un niño interior sano que los acompañará durante sus vidas.

Según los expertos (Foster y Brooks-Gunn, 2023), la comunidad de un niño también desempeña un papel fundamental en el condicionamiento de su mente subconsciente. La comunidad del niño incluye a la escuela, el barrio y a un entorno social más amplio. Todo esto puede tener una gran influencia en el desarrollo cognitivo, emocional y social del niño, lo cual, en última instancia, determina su personalidad y su comportamiento.

Por ejemplo, la violencia física en la familia o la comunidad puede tener un gran efecto en el crecimiento y el desarrollo de un niño. La violencia puede causar estrés y traumas, lo que dificulta hacer amigos, aprender y crear vínculos sanos. Los niños que crecen en comunidades violentas también pueden desarrollar un comportamiento agresivo.

Por otro lado, una comunidad amable y útil puede contribuir al desarrollo de un niño de manera significativa. Una comunidad que ayuda a los niños a sentir que pertenecen, les brinda oportunidades para aprender y crecer y fomenta vínculos sanos, los cuales pueden ser buenos para su autoestima y salud en general. Los niños que crecen en comunidades como estas tienen más posibilidades de desarrollar actitudes y habilidades sociales positivas.

La comunidad de un niño también juega un papel importante en el condicionamiento de su mente subconsciente. Una comunidad positiva que brinda apoyo puede contribuir al desarrollo sano del niño, mientras que una comunidad violenta o negativa puede tener efectos negativos en su salud mental y emocional. Por lo tanto, es importante que tanto padres como los cuidadores y los miembros de la comunidad creen un entorno seguro y propicio en el que los niños puedan crecer. Esto garantizará que los niños desarrollen un yo interior sano y resiliente que los acompañará en su vida adulta.

### La teoría del desarrollo cognitivo de Piaget

También existe la posibilidad de que la teoría del desarrollo cognitivo de Piaget, sobre todo el énfasis en las etapas sensorio-motora, preoperacional y de operaciones concretas (Cherry, 2020) sea otra teoría del desarrollo infantil que tiende a favorecer a la falta de salud del niño interior.

La teoría del desarrollo cognitivo de Piaget brinda un marco para pensar cómo crece y se desarrolla el cerebro de un niño a lo largo del tiempo. Piaget propuso que la mente de un niño se desarrolla en cuatro etapas: la etapa sensoriomotora, la etapa preoperacional, la etapa de las operaciones concretas y la etapa de las operaciones formales.

El primer periodo de desarrollo cognitivo, conocido como la etapa sensoriomotora, suele ocurrir entre los 0 y 2 años. Los niños a esta edad desarrollan sus sentidos y habilidades motrices en preparación para el aprendizaje posterior. Aprenden lo que los psicólogos denominan "permanencia del objeto", la idea de que las cosas existen incluso cuando no podemos verlas. Los niños también producen imágenes mentales simples y aprenden a asociar lo que sienten con lo que hacen con su cuerpo.

La etapa preoperacional es el segundo periodo de

desarrollo cognitivo, la que suele tener lugar entre los 2 y 7 años. En esta etapa, los niños comienzan a desarrollar el lenguaje y aprenden a usar símbolos para representar objetos e ideas. También pueden pensar en cosas que no están presentes y participar en juegos de rol. Sin embargo, en esta etapa, los niños tienen dificultades con la conservación, es decir, comprender que la cantidad o la forma de un objeto sigue siendo la misma incluso si cambia su apariencia.

La etapa de operaciones concretas es el tercer periodo de desarrollo cognitivo, que suele abarcar entre los 7 y 11 años. En esta etapa, los niños utilizan la lógica y las operaciones mentales con mayor habilidad. Son capaces de realizar tareas que implican habilidades básicas de conservación y clasificación y también comienzan a comprender relaciones de causa y efecto (Cherry, 2020).

La teoría del desarrollo cognitivo de Piaget es una buena manera de comprender cómo se desarrollan las habilidades cognitivas de los niños con el paso del tiempo. Al lograr un entendimiento de las diferentes etapas, los padres y educadores pueden apoyar de mejor manera el aprendizaje y el desarrollo de los niños.

### El concepto de trauma generacional

Aunque creas que no sea posible, la verdad es que el trauma puede pasar de generación en generación. Piensa en una madre que ha sufrido un trauma severo con la pérdida de una hija. Entonces, ahora cría a su hija más pequeña con mucho cuidado y precauciones por miedo a perderla a ella también. Como resultado, la hija tiene miedo a todo. Con el tiempo, ella también se convirtió en madre, y cuando tuvo que criar a la más pequeña de sus cuatro hijos, le daba ansiedad que algo le pasara a la bebé, así como su madre temía que algo le sucediera a ella. Esto hizo que la hija tuviera problemas de ansiedad toda su vida. Como nunca supo de los traumas de su abuela o de su propia madre, nunca se dio cuenta de que se relacionaba con su ansiedad. Una vez que ella entendió que sus miedos estaban arraigados en los mensajes que su abuela y su madre le habían inculcado de joven, tuvo la valentía para romper con la mentalidad del miedo y vivir la vida con la confianza de que todo estará bien, en lugar de con miedo a pensar que todo saldrá mal.

Tienes que entender qué es el trauma generacional para comprender mejor cómo sufre tu niño interior por las heridas que proyecta en tu comportamiento, tus pensamientos, sentimientos, miedos e inseguridades.

En el campo de estudio del trauma generacional, los investigadores aprenden cada vez más sobre cómo afecta a las personas y cómo aparece en sus vidas. La epigenética es un nuevo campo de estudio que muestra cómo el trauma pasa de una generación a la otra mediante la exposición en el útero o los cambios epigenéticos. Si bien resta mucho por aprender sobre epigenética y los patrones hereditarios relacionados con el trauma, los expertos concuerdan en que el trauma generacional se extiende de manera exponencial y puede causar ansiedad, depresión, trastorno de estrés postraumático (TEPT) y una reacción exagerada frente a un trauma. Todas las personas son propensas a los traumas generacionales, pero los sectores más vulnerables debido a sus historias son la población afroamericana, las familias afectadas por desastres naturales o catástrofes y personas que han sufrido violencia doméstica, acoso o abuso sexual y crímenes de odio. El trauma generacional puede aparecer en forma de hipervigilancia, una sensación de poco futuro, desconfianza, distanciamiento, ansiedad elevada, depresión, ataques de pánico, pesadillas, insomnio, problemas de autoestima e inseguridad y opresión internalizada (Gillespie, 2020). Además, el trauma puede alterar la microglía y el sistema inmunitario, de manera que puede pasarse de generación en generación a través de los genes. Esta teoría es una idea psicológica que tiene mucho en común con el modelo oriental del niño interior, el cual afirma que el renacimiento y el trauma generacional del pasado da lugar al renacimiento en el presente.

Como puedes ver, no tienes la culpa por tu niño interior. Fue programado mucho antes de lo que puedes pensar con la mente consciente. Saber esto y entenderlo es la prioridad número uno para garantizar que no tienes nada en contra de tu niño interior. No podrás trabajar en tu niño interior si te juzgas a ti mismo. Por lo tanto, sé amable y escucha lo que esa voz te dice.

*Así como una persona piensa, siente y cree, esa es la condición de su mente, su cuerpo y sus circunstancias.* –Joseph Murphy

Debemos entender que nuestros pensamientos, creencias y emociones controlan todo en nuestra vida, incluso nuestras circunstancias. Por lo tanto, veamos qué pensamientos y creencias están controlando tus circunstancias.

2
___

# DISCERNIMIENTO–IDENTIFICA EL
# ORIGEN DE TUS HERIDAS

E l incidente que sufrí a mis cuatro años, cuando me dejaron a un costado de la carretera durante un largo rato, no es el único problema de abandono que sufrí de niña. A los seis años, mis padres peleaban muy seguido, y tenía un miedo extremo a despertar y ver que uno de ellos se había ido para siempre de nuestro hogar. Pasó el tiempo y mis padres dejaron de pelear por ese tema y ya no los oía gritándose el uno al otro en medio de la noche. Años después, cuando tenía trece, volvió a surgir la misma cuestión y mis padres pelearon un par de meses cuando era adolescente. Todo el tiempo tenía miedo de que mi papá nos dejara. Con el tiempo, todas las peleas cesaron, me fui de casa a los dieciocho para ir a la universidad y jamás volví a oírlos pelear, porque solo los visitaba unos días en las fiestas y no volví a vivir con ellos después de irme y graduarme de la universidad. Si bien eran incidentes aislados, las peleas afectaron mi estado de ánimo de adolescente, generaron un miedo al abandono y fomentaron inseguridades dentro de mí.

Eres consciente del dolor que infligieron en tu inocente niño interior durante tus años de crecimiento, y tú no tienes la culpa de ello. El siguiente paso es aprender cómo tus procesos subconscientes afectan a tus convicciones más fundamentales, tu autoestima y tu forma de ver la vida. Sanar nuestro propio niño interior requiere enfocarse en nuestro yo interior. Siempre llevarás una parte de tu infancia contigo (Sjöblom et al., 2016). ¿No es acaso el momento de cambiar la historia en tu mente que te ayudará durante el resto de tu vida? No puedes cambiar la historia si no prestas atención a lo que dice.

## Desencadenantes o ciclos del hábito

Un desencadenante o ciclo del hábito es un proceso de tres pasos que ayuda al cerebro a desarrollar y reforzar hábitos. Healthline (Raypole, 2021) afirma que el ciclo del hábito está compuesto por una señal, una rutina y una recompensa.

La señal es el desencadenante que indica al cerebro que inicie un comportamiento o hábito específico. Puede ser algo tan sencillo como un momento del día, un lugar, un sentimiento o un evento particular.

La rutina es el hábito o el comportamiento real que se realiza como respuesta a la señal. Puede ser una acción física, un patrón de pensamiento o una respuesta emocional.

La recompensa es el buen resultado o la buena sensación que llega una vez terminada la rutina. Esto refuerza el ciclo del hábito y motiva al cerebro a repetir el comportamiento en el futuro.

Conocer el ciclo del hábito puede ayudar a cambiar los hábitos no deseados o desarrollar nuevos hábitos positivos. Al identificar la señal, las personas pueden escoger de manera consciente una nueva rutina que lleva a una recompensa deseable, y con la repetición, se puede formar un nuevo hábito.

Los resultados de un estudio (Thomas et al., 2016) demostraron que una persona puede cambiar sus ciclos del hábito si cambia su comportamiento a propósito. La investigación involucró a un grupo de participantes, a quienes se les pidió que incorporaran un nuevo hábito de ejercicio practicando un comportamiento específico cada día durante 84 días. Los participantes registraron su propio progreso y se utilizaron imágenes por resonancia magnética (IRM) para hacer un seguimiento de los cambios en su actividad cerebral.

Los resultados arrojaron que, con el tiempo, los participantes desarrollaron un nuevo hábito de ejercicio que se volvió automático, sin requerir tanto esfuerzo consciente como en un principio. Los datos de las IRM también mostraron que la actividad cerebral del participante estaba cambiando, lo que indicó que el cerebro se estaba acostumbrando al nuevo ciclo del hábito. En particular, los investigadores vieron actividad en los ganglios basales, una parte del cerebro que ayuda a formar los hábitos, y en la corteza prefrontal, la parte del cerebro que ayuda a la planificación y la toma de decisiones.

El estudio reveló que los participantes que crearon de manera exitosa el nuevo hábito de ejercicio vivenciaron cambios positivos en su bienestar general, incluida la disminución de los niveles de estrés y mejoras en el estado de ánimo. Estos resultados muestran que cambiar tu comportamiento a propósito puede cambiar tus hábitos de manera duradera, algo que puede beneficiar a tu salud mental y física.

Por lo que acabamos de ver, es evidente que las personas pueden cambiar sus ciclos del hábito mediante una modificación deliberada del comportamiento. Al hacer algo nuevo una y otra vez y dejar que tu cerebro se adapte, puedes formar un nuevo hábito que se vuelve automático y ayude a tu salud general.

Cambiar un ciclo del hábito requiere de un esfuerzo deliberado y constante, pero con la estrategia adecuada, es posible. Estos son cinco pasos que puedes seguir:

1. **Identificar el ciclo del hábito:** El primer paso es identificar el ciclo del hábito que quieres cambiar. Los hábitos están conformados por tres partes: la señal o el desencadenante que inicia el comportamiento, el comportamiento en sí mismo y la recompensa que refuerza el comportamiento. Al entender los componentes del ciclo del hábito, puedes comenzar a interrumpir ese ciclo.

2. **Explorar los desencadenantes:** Una vez que hayas identificado el ciclo del hábito, explora los desencadenantes que lo activan. Los desencadenantes pueden ser internos, como las emociones y los pensamientos, o externos, como personas o situaciones. Al entender tus desencadenantes, puedes comenzar a anticiparlos y planificar comportamientos alternativos.

3. **Planifica en base a las señales:** Tras identificar los desencadenantes, el paso siguiente es planificar en torno a las señales. Si quieres cambiar un hábito, debes reemplazar el comportamiento con uno nuevo que satisfaga la misma señal. Por ejemplo, si sueles comer refrigerios en momentos de estrés, puedes intentar con una caminata o ejercicios de estiramiento.

4. **Recompénsate:** Las recompensas juegan un papel fundamental en el refuerzo de hábitos, así que es crucial buscar recompensas alternativas que satisfagan las mismas necesidades que el hábito anterior. Por ejemplo, si solías comer un postre como recompensa, intenta premiarte con un bocadillo saludable o una actividad divertida.

5. **Sé constante:** Por último, para cambiar un ciclo del hábito, debes ser constante. Los hábitos se forman con la repetición, así que es importante que

practiques tu nuevo comportamiento de manera constante hasta que se convierta en un nuevo hábito.

Para cambiar un ciclo del hábito, tienes que descubrir cuál es el hábito, descubrir qué lo activa, planificar comportamientos alternativos para las señales, buscar recompensas y practicar el nuevo comportamiento una y otra vez. ¡Con dedicación y esfuerzo, cualquier persona puede cambiar sus ciclos del hábito y formar nuevos hábitos más sanos!

Es importante identificarnos en el proceso de cambio de comportamientos. El cambio de un comportamiento no solo se trata de cambiar una acción o un hábito, sino también de cambiar nuestra identidad. La forma en la que nos identificamos determina las acciones que tomamos, y para crear un cambio duradero, debemos cambiar nuestra identidad en primer lugar (Eyal, 2022).

Identificar a nuestro niño interior y a sus hábitos, pensamientos, creencias y emociones nos ayuda a entender al niño interior para comenzar a reconocer los hábitos y patrones automáticos que conducen a circunstancias no deseadas. Esto incluye comportamientos como procrastinar, comer o gastar en exceso. Al identificar esos patrones, podemos comenzar a liberarnos de ellos y realizar elecciones más intencionales (Eyal, 2022).

Lo que creemos sobre nosotros mismos y el mundo que nos rodea determina nuestra identidad e influye sobre nuestras acciones. Si analizamos nuestros valores y creencias, comenzaremos a descubrir cuáles nos reprimen o nos conducen a malos hábitos.

Además de encontrar al niño interior y observar nuestros valores y creencias, también debemos ser amables con nosotros mismos. Cambiar de comportamiento no es sencillo, y es importante ser amables con nosotros mismos en el proceso. Al reconocer nuestros éxitos y celebrar nuestro progreso, podemos generar impulso y mantener la motivación. Entonces, ¿cómo te encuentras a ti mismo, a tu identidad, a tu niño interior?

## ¿Qué es el yo?

El concepto de uno mismo es lo que una persona piensa de sí misma, cómo se juzga o se ve. Conocerse a uno mismo es tener una idea de quiénes somos (Mcleod, 2022).

Baumeister (1999) afirma que el concepto de uno mismo es lo que la persona piensa de ella misma, incluidas las cualidades que posee o qué o quién es el yo. Tanto la psicología social como humanística utilizan mucho el término "concepto de uno mismo". Lewis (1990) sostiene que existen dos partes en el desarrollo del sentido del ser:

### El yo en sí mismo (existencial)

Esta es "la parte más básica del esquema o concepto de uno mismo: sentir que uno es un ser individual y diferente a los demás y reconocer la constancia del yo" (Bee, 1992).

¿Estás preparado para hacerte cargo de tu salud mental y el bienestar de tus relaciones? Regístrate ahora mismo para comenzar y convertirte en una persona más feliz y sana.

El niño reconoce que es distinto a los demás y que siempre ha estado allí.

Un niño es consciente de su yo existencial a una edad temprana, a los dos o tres meses (Lewis, 1990). Esto se debe en parte a la manera en la que interactúa con el mundo. Por ejemplo, cuando el niño sonríe, alguien le sonríe como respuesta, o cuando el niño toca un móvil, este se mueve.

### El yo como objeto (categórico)

Luego de que un niño reconoce que es un ser individual con sentimientos, reconoce que también es un objeto en el mundo.

Así como las cosas, incluidas las personas, poseen características que pueden percibirse (grandes, pequeñas, rojas, suaves, etc.), el niño aprende que también es un objeto con características que pueden percibirse.

El yo incluso puede categorizarse en grupos de acuerdo con características como la edad, el género, el tamaño o las habilidades. La edad ("tengo tres") y el género ("soy un niño") son dos de las primeras características que se mencionan.

En la infancia temprana, los niños se clasifican en categorías bien definidas (como el color de cabello, la altura y las cosas que les gustan). Más adelante, las personas también comienzan a hablar sobre sus propias características psicológicas, cómo se comparan con los demás y de qué manera las ven los demás.

El concepto de uno mismo está compuesto por tres partes (Rogers, 1959):

- cómo te sientes sobre ti mismo (imagen personal),
- cuánto crees que vales (autoestima o autovaloración), y
- lo que desearías ser realmente (el yo ideal).

### ¿Cómo se relaciona la forma de verse a uno mismo con el niño interior?

La imagen personal es lo que una persona piensa y siente sobre sí misma en base a sus experiencias, emociones e interacciones con otras personas. Esta percepción puede estar influenciada por el "niño interior", el cual hace referencia a los aspectos infantiles de la personalidad de un individuo, como sus sentimientos, pensamientos y actitudes, que ha arrastrado desde la niñez. En este contexto, el niño interior afecta a la imagen personal de un individuo de varias maneras, como el sentir que no es lo suficientemente bueno, la autosupresión, la falta de amor propio y de cuidado personal, tendencias narcisistas, la ansiedad y la dependencia psicológica.

- **No ser suficiente:** Las personas que tienen problemas con su imagen personal y su niño interior tienen con frecuencia la sensación de no ser lo suficientemente buenas. Hoffman (2018) afirma que esta sensación suele aparecer por haber sido criticado, ignorado o maltratado en la infancia. Estas experiencias llevan al niño interior a creer que no merece amor y atención, lo que causa una imagen personal negativa en la adultez. Las personas que piensan de esta manera son demasiado críticas consigo mismas y poseen expectativas poco realistas que pueden generar ansiedad y baja autoestima.

- **Autosupresión:** Según Gartner (2016), la autosupresión refiere al proceso de ignorar nuestras propias necesidades y deseos para cumplir con las expectativas de los demás. Las personas que tienen problemas de autosupresión por lo general poseen una opinión pobre sobre sí mismas y sienten que su valor depende de su capacidad de complacer a los demás. Este comportamiento puede originarse por experiencias en la infancia en las que la persona aprendió que sus necesidades y deseos no eran importantes, lo que produjo una imagen personal negativa y falta de amor propio.

- **Falta de amor propio y cuidado personal:** Tal como señaló Miller (2019), las personas con problemas de amor propio y cuidado personal pueden haber aprendido por experiencias en la infancia que no merecen recibir cuidados, lo que provoca una imagen personal negativa y falta de autoestima. Se puede manifestar como una resistencia a priorizar el cuidado personal o a realizar actividades que promueven el amor propio, lo que genera un

impacto negativo en la salud mental y física de un
individuo.

- **Tendencias narcisistas:** De acuerdo con Aguirre y
  Galen (2017), las personas que tienen problemas de
  narcisismo suelen tener una imagen frágil de sí
  mismas y un arraigado miedo a la insuficiencia. Este
  miedo puede surgir de experiencias en la infancia
  en las que la persona no recibió la atención o
  validación adecuada, lo que lleva a una necesidad de
  validación externa en la adultez. Las personas con
  esta percepción pueden ser extremadamente
  egocéntricas y carentes de empatía, lo que causa
  dificultades en las relaciones y un impacto negativo
  en su salud mental.

- **Ansiedad y dependencia psicológica:** Para Shapiro
  (2018), las personas que sufren de ansiedad suelen
  tener una imagen negativa de sí mismas y un
  arraigado miedo al fracaso. Este miedo puede surgir
  de experiencias en la infancia en las que la persona
  ha sufrido críticas o ha sido castigada por sus
  errores, lo que causa un sentimiento de insuficiencia
  y ansiedad en la adultez. Asimismo, las personas con
  problemas de dependencia psicológica pueden
  haber aprendido en la infancia que necesitan de los
  demás para satisfacer sus necesidades emocionales,
  lo cual impacta de manera negativa en su salud
  mental.

Nuestra imagen personal y nuestro niño interior están
estrechamente relacionados, y los dos pueden afectar nuestra
salud mental y nuestro bienestar de diferentes maneras. Al
entender estas conexiones y trabajar para cambiar cualquier
acción o creencia negativa, podemos potenciar nuestra autoestima, sentir menos ansiedad y mejorar nuestra salud general.

### *El abandono y el trauma distorsionan nuestra autoestima*

En realidad solo existen dos tipos de problemas de autoestima. La subestimación de uno mismo hace referencia a cuando una persona tiende a evaluarse de manera más negativa de lo justificado. Se trata de menospreciarse, dudar de uno mismo, de nuestras propias capacidades, etcétera. El segundo tipo es la sobreestimación de uno mismo, que describe la propensión de un individuo a tener una muy buena opinión de sí mismo cuando no es así. La superficialidad, una falsa autoestima exagerada, la falsedad y la preocupación por nuestro estatus social son solo algunos ejemplos.

Veamos cinco desafíos para nuestra autoestima que muchas personas enfrentan. Quizás reconozcas algunas de estas señales en ti mismo y quizá hayas visto otras en tus amigos, familiares y conocidos.

### No valgo nada

Muchas personas sienten que no fueron lo suficientemente buenas de pequeñas, y esta opinión se queda con ellas a lo largo de su vida. Si nos maltrataron en nuestra infancia, como si no importáramos o no fuéramos lo suficientemente buenos, crecemos pensando que nunca lo somos.

La mayor parte del tiempo, esta creencia se origina por tener que cumplir expectativas demasiado altas (perfeccionismo), ser comparado con los demás y recibir malos tratos en general.

Cuando crecemos con este tipo de actitudes, pensamos que nada de lo que hacemos es lo suficientemente bueno, que no podemos relajarnos, que debemos hacer más y muchas cosas que no son ciertas.

### Autosupresión

Se les suele enseñar a las personas que cuiden a los demás y que pongan sus propias necesidades, preferencias, sentimientos, deseos y metas en último lugar. Muchos padres y cuidadores, ya sea a propósito o no, ven a su hijo como alguien que debe cumplir con muchas de sus necesidades (roles invertidos).

Por este motivo, el niño y el adulto-niño aprenden a dejarse de lado a sí mismos y pasar por alto sus propias necesidades. Esto lleva a un fuerte deseo de complacer a los demás, un cuidado personal insuficiente, falta de propósito en la vida, confusión emocional, la incapacidad para decir que no y el desapego de uno mismo.

### No amarse ni cuidar de uno mismo

A menudo, las personas que tienden a menospreciarse no saben cómo cuidar bien de sí mismas porque no han recibido el amor o los cuidados suficientes en su niñez. Los niños que no recibieron cuidados adecuados o no crecieron con buenos ejemplos de adultos sanos, responsables y amorosos consigo mismos a menudo se convierten en adultos que tienen problemas para cuidar de sí mismos (Cikanavicius, 2018).

Como consecuencia, esta persona ahora piensa, de manera consciente o no, que no es lo suficientemente buena para recibir amor o satisfacer sus necesidades. A veces es porque no sabe cómo cuidar de sí misma, pero gran parte del tiempo es porque piensa que no es importante, que no merece amor, que no debe satisfacer sus necesidades o que no vale.

Una persona que piensa que todo eso es cierto tendrá actitudes de negligencia, o incluso autodestructivas o de autosabotaje, consigo misma. El abandono en la infancia se refleja en el abandono de uno mismo.

### Narcisismo severo

Se suele describir a los narcisistas y psicópatas como personas que poseen una opinión exagerada de su propia importancia. Si bien existen ciertas coincidencias, estos rasgos abarcan un amplio rango.

Una persona demasiado narcisista posee ciertos rasgos como la inseguridad, una pobre regulación de sus emociones, pensamientos extremos, ver a los demás como objetos, un encanto superficial, ensimismamiento, manipulación, búsqueda incesante de atención, falsedad, confusión, inconsistencia, falsa virtud, mentiras crónicas y un deseo de recibir elogios y ganar estatus social.

El narcisismo y otros rasgos de personalidad tóxicos son mecanismos defensivos de adaptación que se suelen aprender en reacción a una crianza estresante o traumática.

### Dependencia de los demás y ansiedad social

Como las demás personas tienen un gran impacto en nosotros a medida que crecemos, muchos nos preocupamos demasiado por lo que piensen los demás. Esto lleva a muchas opiniones y sentimientos de ansiedad más adelante en nuestra vida, como "¿y si creen que soy una tonta?", "piensan que me veo mal", "¿qué puedo hacer para que estén de mi lado?", "¿y si creen que soy malo?", "no quiero parecer un cobarde".

Muchísimas personas dependen de la aprobación y las opiniones de los demás. Intentan obtener una validación positiva o alejarse de los comentarios negativos e invalidantes. Esta dependencia mental de los demás genera mucha ansiedad social y suele conducir a un mal comportamiento.

Tener una opinión sana de uno mismo es vital para nuestro bienestar físico y emocional. Lo que creemos sobre nosotros mismos proviene en gran parte de las interacciones que hemos tenido con nuestros padres y cuidadores más importantes en nuestra infancia. Más adelante, se amplía a otras personas influyentes como nuestros pares y superiores.

Al tener una percepción precisa de nosotros mismos, también tenemos un sentimiento apropiado de nuestra autoestima. Cuando somos jóvenes, solemos tener en cuenta las opiniones de los demás y forjamos nuestra identidad en base a estas impresiones. Hay muchas personas que poseen una opinión distorsionada de ellas mismas en muchas maneras, lo que causa problemas emocionales, conductuales y de salud mental.

Tenemos la libertad y la madurez para investigar la forma en que nos vemos a nosotros mismos. Al hacerlo, podremos mejorar nuestra valía personal y erradicar las creencias inútiles e incorrectas que tenemos ahora.

## ¿De qué manera las creencias sobre nosotros mismos, los demás y el mundo que nos rodea influyen en nuestra forma de sentir y pensar?

El modelo, la base de la terapia cognitivo-conductual (TCC), afirma que lo que opinas de ti mismo tiene un gran efecto en tu vida. Cambia la forma en la que tratas a los demás, tu forma de ver el mundo y cómo ves tu futuro. Tus creencias afectan tu forma de actuar, sentir y pensar.

Este es un ejemplo de cómo tus creencias pueden hacer la diferencia. Supongamos que piensas: "no soy bueno para nada". Ahora imaginemos que estás en el trabajo y acabas de terminar una tarea que tu jefa te asignó. Así es como tu creencia (no soy bueno en lo que hago) afecta tu forma de pensar:

- **Percepción:** lo que ves y sientes. Supongamos que tu jefa te dice que hiciste un trabajo deficiente en la última tarea que te asignó. Como piensas que no eres bueno en lo que haces, sientes que ella no está satisfecha con tu trabajo en general y piensa que no puedes hacer nada bien.
- **Atención:** en lo que decides enfocarte. Como piensas que no eres bueno en lo que haces, solo prestas atención a las críticas que ella te hizo e ignoras los elogios que has recibido de su parte por cosas que has hecho en el pasado.
- **Memoria:** lo que sabes y lo que recuerdas. Como piensas que no eres bueno en lo que haces, es más

fácil para ti recordar los momentos en los que tus superiores criticaban tu trabajo. Debido a lo que piensas, será más difícil para ti recordar los momentos en los que te sentías bien sobre lo que haces.

**Nuestros pensamientos tienen un gran impacto sobre nosotros**

Como puedes ver en el ejemplo anterior, lo que piensas de ti mismo afecta tres aspectos de tu forma de manejar el estrés:

- Cómo percibes lo que está sucediendo (percepción).
- En lo que eliges enfocarte en la situación (atención).
- Lo que recuerdas sobre la situación (memoria).
- Lo que recuerdas sobre todas las otras situaciones en las que has pasado por algo similar.

La terapia cognitiva te enseña a cuestionar tus pensamientos para ver las cosas de una forma más equilibrada y lógica. Así es como intenta deshacerse de estas creencias falsas y dañinas. Cuando lo hagas, comenzarás a verte a ti mismo, a tu futuro y a los demás de una manera más sana.

Recuerda siempre que puedes cambiar tu manera de pensar, actuar y sentir. Mi objetivo es brindarte ideas sobre cómo hacerlo.

Tus percepciones, basadas en tus creencias, determinan cómo respondes a los demás y definirá tus emociones frente a sus respuestas. En el condicionamiento clásico, tu yo primitivo o niño interior invoca la reacción de lucha o huida cuando has pasado por muchas situaciones negativas; este es un ejemplo de cómo tus creencias fundamentales se transforman en acciones.

# El cuerpo responde ante el estrés

## El sistema musculoesquelético

Nuestro sistema musculoesquelético, el cual se compone de cartílago, huesos, tendones, tejido conectivo y ligamentos, es la defensa de nuestro cuerpo contra el dolor y el daño. La tensión muscular a largo plazo tiene el potencial de provocar diferentes respuestas corporales y empeorar las enfermedades relacionadas con el estrés. Muchas personas poseen dolores crónicos como consecuencia de enfermedades musculoesqueléticas.

El estrés también repercute en nuestro sistema musculoesquelético, ya que hace que los músculos se contraigan y tensen durante periodos de tiempo prolongados. Millones de personas padecen dolores crónicos debilitantes por enfermedades musculoesqueléticas; por lo que es esencial realizar una cierta cantidad de ejercicio moderado supervisado por un médico. Los problemas musculoesqueléticos crónicos relacionados con el estrés son facilitados por la tensión muscular, y en definitiva, la atrofia muscular como resultado de la inactividad física.

Nuestros cuerpos pueden tolerar breves ráfagas de estrés con facilidad, pero el estrés crónico o prolongado puede repercutir de manera negativa. Los sistemas inmunitario, endócrino, gastrointestinal, neurológico y reproductivo son solo algunas de las muchas funciones corporales que pueden recibir el impacto negativo del estrés.

Se ha demostrado que los métodos de relajación y demás tratamientos y prácticas para aliviar el estrés pueden reducir con éxito la tensión muscular, disminuir la prevalencia de enfermedades relacionadas con el estrés y potenciar la sensación de bienestar.

## El sistema respiratorio

El sistema respiratorio, el cual se compone de las vías aéreas, los pulmones y los vasos sanguíneos, elimina el dióxido de carbono del cuerpo y lleva oxígeno a las células. El aire entra en el cuerpo por la nariz, viaja por la tráquea, a través de la laringe, en la garganta, y luego ingresa en los pulmones a través de los bronquios. Los glóbulos rojos reciben el oxígeno de los bronquiolos para que puedan circular. Los síntomas respiratorios como falta de aliento y respiración acelerada pueden ser un indicador de estrés y emociones fuertes. Este no suele ser un problema para las personas que no sufren de enfermedades respiratorias, pero para aquellas con condiciones respiratorias preexistentes como el asma y EPOC (enfermedad pulmonar obstructiva crónica), el estrés psicológico puede dificultar la respiración. Un factor estresante agudo como la pérdida de un ser querido puede causar episodios de asma, y en personas propensas a ataques de pánico, también puede inducir episodios agudos.

### El sistema cardiovascular

El sistema cardiovascular consta del corazón y los vasos sanguíneos, los cuales trabajan en conjunto para brindar nutrientes y oxígeno a los órganos del cuerpo. El estrés crónico puede provocar problemas a largo plazo con el corazón y los vasos sanguíneos. El riesgo de hipertensión, infarto y accidente cerebrovascular puede aumentar como resultado del estrés continuo. El estrés agudo recurrente y el estrés crónico constante también pueden provocar una inflamación del sistema circulatorio, sobre todo en las arterias coronarias, y la forma en la que alguien maneja el estrés puede influir en sus niveles de colesterol.

Las hormonas del estrés funcionan como mensajeros para estos efectos en episodios de estrés agudo, lo que puede traducirse en un aumento del ritmo cardíaco y mayores contracciones musculares cardíacas. La presión arterial aumenta como consecuencia de las arterias dilatadas que llevan la sangre hacia el corazón, los músculos y otros órganos importantes del cuerpo. El cuerpo regresa a su estado normal cuando la experiencia de estrés agudo finaliza.

El estrés crónico o persistente que se prolonga durante un largo tiempo puede provocar daños al corazón y a los vasos sanguíneos a largo plazo. Esto incluye un ritmo cardíaco acelerado, presión arterial elevada y mayores niveles de hormona del estrés, así como la inflamación del sistema circulatorio, sobre todo en las arterias coronarias. Dependiendo de si una mujer está en la pre o posmenopausia, puede presentar un riesgo más elevado de sufrir enfermedades cardíacas. Los niveles de estrógeno son más elevados en mujeres premenopáusicas, lo que ayuda a las arterias a adaptarse de forma más efectiva al estrés y protegerse de las enfermedades cardíacas. Debido a menores niveles de estrógeno, las mujeres posmenopáusicas no están tan protegidas frente a los efectos del estrés en las enfermedades cardíacas.

### El sistema endócrino

El sistema endócrino consta de órganos llamados glándulas que producen hormonas en el cuerpo. El estrés crónico compromete al sistema inmunitario y la comunicación del eje HHS, lo que puede resultar en trastornos físicos y de salud mental. El sistema endócrino (incluidos los glucocorticoides como el cortisol) está a cargo de controlar el sistema inmunitario y reducir la inflamación. La glándula pituitaria recibe la señal del hipotálamo, un grupo de núcleos que asocian al cerebro con el sistema endócrino, para generar una hormona, la cual luego recibe la señal de las glándulas suprarrenales para aumentar la producción de cortisol. Al liberar glucosa y ácidos grasos desde el hígado, el cortisol aumenta la cantidad de energía a la que se puede acceder fácilmente.

### El estrés y la salud

El estrés en la edad temprana puede alterar el desarrollo de nuestro sistema neurológico y la forma en que nuestro cuerpo responde al estrés. Muchos problemas de salud física y mental como la fatiga crónica, anormalidades metabólicas, enfermedades inmunitarias y la depresión se han vinculado al estrés. El estrés puede impactar en la conexión entre el cerebro y el intestino, lo que afecta a tu salud mental y puede influir en los cientos de millones de neuronas intestinales relativamente autónomas que se comunican todo el tiempo con el cerebro y pueden causar dolor, hinchazón y otros malestares intestinales. Las alteraciones en la flora intestinal causadas por el estrés pueden tener un impacto en nuestro estado de ánimo. Es un círculo vicioso que no dejará de afectar a tu salud si no tomas el control de tus niveles de estrés.

### El sistema digestivo

Como expliqué anteriormente, el estrés en la edad temprana puede alterar el desarrollo del sistema neurológico y cómo responde el cuerpo al estrés, lo que puede aumentar las probabilidades de desarrollar trastornos o malestares gastrointestinales en el futuro.

El sistema digestivo es enorme; incluye a la boca, la garganta, el esófago, el estómago, el intestino delgado y grueso, el recto y el ano. También comprende las glándulas salivales, la vesícula, el páncreas y el hígado, los cuales producen enzimas y jugos digestivos que ayudan al cuerpo a asimilar los alimentos y los fluidos.

El estrés puede aumentar o disminuir el apetito sin necesidad, así como potenciar la sensación de dolor, hinchazón, náuseas y otros síntomas estomacales.

El estrés provoca espasmos musculares en el intestino, lo que genera incomodidad y facilita la sensación de dolor, hinchazón o malestar. El estrés puede afectar a la digestión y los nutrientes absorbidos por los intestinos, lo que provoca un aumento en los gases asociados con la absorción de nutrientes. Los intestinos tienen una barrera resistente que evita que los gérmenes en el intestino ingresen al cuerpo a través de la comida, pero el estrés puede dañar esta barrera. En las personas con problemas gastrointestinales constantes, esto puede provocar síntomas moderados de larga duración.

El reflujo gastroesofágico o la acidez puede producirse por comer más o menos de lo habitual. El estrés puede dificultar la absorción y la digestión de los nutrientes, lo que resulta en síntomas leves pero recurrentes. El estrés también puede tener un impacto en el sistema neurológico.

*Los sistemas nerviosos*

El cerebro y la médula espinal constituyen la porción central del sistema nervioso. Los sistemas nerviosos autónomo y somático componen la parte periférica del sistema nervioso (APA, 2018; Cherry, 2022).

El sistema nervioso simpático (SNS) y el sistema nervioso parasimpático (SNP) son las dos partes del sistema nervioso autónomo (SNA). El sistema nervioso simpático está a cargo de la reacción del cuerpo ante el estrés. Cuando el cuerpo pasa por mucho estrés, el SNS ayuda a activar la respuesta de lucha o huida. Por lo tanto, el cuerpo transforma su energía para luchar contra una amenaza para su vida o para huir de un intruso (APA, 2018; Cherry, 2022).

El SNS indica a las glándulas suprarrenales que liberen las hormonas de cortisol y adrenalina. En una emergencia, estas hormonas y las acciones directas de los nervios autónomos hacen que el corazón se acelere, aumente el ritmo de respiración, se dilaten los vasos sanguíneos en los brazos y las piernas, cambie el proceso digestivo y aumente la cantidad de glucosa (energía del azúcar) en el torrente sanguíneo.

La respuesta del SNS ocurre de manera muy rápida para que el cuerpo esté listo para lidiar con una emergencia o una fuente de estrés de corto plazo. Una vez que se acaba la emergencia, el cuerpo normalmente regresa a su estado anterior, previo a la emergencia. El SNP ayuda con esta recuperación y sus efectos suelen ser los opuestos a los del SNS. Sin embargo, un SNP hiperactivo también puede provocar reacciones por estrés, como la contracción de las vías aéreas (como en caso del asma) o la dilatación en exceso de los vasos sanguíneos y la disminución del flujo sanguíneo (APA, 2018).

Tanto el SNS como el SNP tienen una fuerte conexión con la respuesta inmunitaria, la cual también puede regular las reacciones por estrés. El sistema nervioso central (SNC) regula el sistema nervioso autónomo (ANS), y el ANS es una gran parte de cómo decide el SNC si una situación es potencialmente peligrosa.

El estrés crónico, causado por factores estresantes que perduran durante mucho tiempo, puede agotar al cuerpo con el paso del tiempo. Mientras el sistema nervioso autónomo siga generando respuestas físicas, el cuerpo se desgasta. El problema no es tanto cómo afecta el estrés crónico al sistema nervioso, sino lo que hace a otras partes del cuerpo cuando el sistema nervioso está siempre alerta (APA, 2018).

### El sistema reproductor masculino

El sistema nervioso autónomo, el cual produce testosterona y activa al sistema nervioso simpático, impacta en el sistema reproductor masculino (APA, 2018). El estrés libera la hormona cortisol, la cual es esencial para controlar la presión sanguínea y la función habitual de varios sistemas del cuerpo. Unos niveles de cortisol en exceso pueden afectar al sistema reproductor masculino, a la producción y maduración de semen, alteraciones en el semen y al normal funcionamiento bioquímico del sistema reproductor masculino. Además, puede tener un efecto perjudicial en el desarrollo y la síntesis de la testosterona, lo cual trae problemas para concebir. El funcionamiento normal del sistema reproductor masculino puede verse afectado por enfermedades del sistema reproductor, como las infecciones en los testículos, la próstata y la uretra.

### El sistema reproductor femenino

A lo largo de sus vidas, las mujeres cargan con una gran variedad de responsabilidades, incluso aquellas relacionadas con su vida personal, su familia, el trabajo, las finanzas y otras obligaciones, además de las cuestiones de salud. La menstruación en adolescentes y mujeres puede verse influenciada por el estrés, al cual se asocia con ciclos menstruales más cortos o inexistentes, periodos dolorosos y variaciones en la duración del ciclo. El síndrome premenstrual (SMP), el cual incluye síntomas como espasmos, hinchazón por retención de líquidos, una actitud irritada y cambios de humor, puede ser molesto para muchas mujeres (APA, 2018).

Las intenciones de tener hijos pueden verse afectadas de manera significativa, ya que el estrés durante el embarazo puede tener un efecto perjudicial en la capacidad de la mujer para concebir, la salud de la gestación y su capacidad de adaptación tras dar a luz. El problema de adaptación más común en el embarazo y el posparto es la depresión, y el estrés de una madre puede influir severamente en el desarrollo del feto y el desarrollo continuo en la infancia (APA, 2018).

Si bien los niveles de hormonas varían considerablemente y es difícil lidiar con cambios físicos como los calores, la menopausia propiamente dicha puede generar estrés. Otras condiciones que afectan al sistema reproductor, como el síndrome de ovario poliquístico y el virus del herpes simple, también pueden provocar estrés (APA, 2018).

La menopausia puede ser estresante, pues los niveles de hormonas cambian muy rápido y lidiar con los cambios físicos relacionados con la menopausia puede ser difícil. Los trastornos del sistema reproductor pueden generar mucho estrés que requiere asistencia y cuidados extra.

Estos descubrimientos sobre cómo el estrés afecta a la salud no deberían preocuparte. Ahora sabemos mejor sobre cómo reducir las respuestas por estrés de una manera más saludable que antes. Estas son algunas estrategias útiles:

- mantener un círculo fuerte de amigos y familia
- realizar actividad física de manera regular

- dormir una cantidad de horas adecuada todas las noches

Estas estrategias se centran en tu salud física y mental y son partes importantes de una forma de vida saludable. Tienes que descubrir los problemas y los factores estresantes que afectan tu vida diaria y encontrar las mejores formas de lidiar con ellos para mejorar tu salud física y mental como un todo.

## ¿Cómo crear un mejor concepto de uno mismo?

En ocasiones recomiendo a mis seguidores adultos que traten a su "niño interior" con la misma compasión, paciencia y admiración que mostrarían a su propio hijo o cualquier niño que se viera vulnerable. Me gustaría recomendar que se consideren a ellos mismos con la admiración y el respeto que le damos a un hermoso bebé recién nacido, listo para crecer de la mejor manera posible, y que pidan perdón por cualquier maldad imaginaria que hayan cometido en el pasado.

Tus creencias y el comportamiento automático de tu niño interior no son tu culpa. Es un sistema automático que tienes que apagar para sanar al niño interior. Entender cómo funciona el sistema automático del niño interior puede ayudarte a identificar las señales y las respuestas para cambiar los desencadenantes y los ciclos del hábito.

*Somos lo que hacemos repetidamente. Por lo tanto, la excelencia no es un acto, sino un hábito.* —Will Durant

Con el respaldo semi-técnico de la ciencia detrás del funcionamiento automático de tu niño interior, es el momento de invocar lo más profundo de tu mente, escuchar sus problemas, darle una mano y encontrar la forma de sanar a este hermoso niño interior.

# 3

## INVOCA AL NIÑO INTERIOR Y ESCUCHA LO QUE GRITA

*Embellece tu diálogo interno. Embellece tu mundo interno con amor, luz y compasión. La vida será hermosa.* –Amit Ray

Reconocer las creencias subyacentes que impactan tu manera de pensar, sentir y actuar contigo mismo y con los demás es un buen lugar para comenzar antes de descubrir las tres etapas para sanar a tu niño interior. Por lo tanto, en lugar de ignorar lo que grita tu niño interior, deja de rechazar sus respuestas instintivas para identificar las dificultades específicas en tu vida.

¿Sabías que la voz de tu niño interior te puede hacer sentir impotente y diez veces peor que antes? Escuchar la voz de tu niño interior puede ayudarte a descubrir muchas ideas erróneas que hacen que te sientas de esa manera.

### ¿Cuál es la voz de tu niño interior?

El diálogo interno es la plática automática dentro de tu mente subconsciente. La versión más joven de ti mismo en tu interior te dice lo que cree por sus propias experiencias, incluidas el dolor, el rechazo y la vergüenza. Piensa un instante en las cosas que te has dicho a ti mismo hoy. ¿Has sido cruel, o atento y amable? ¿Cómo te sentiste después de hablar contigo mismo? Tus pensamientos causan tus emociones y tu estado de ánimo. Las conversaciones con nosotros mismos pueden ser destructivas.

El diálogo interno es un comportamiento que realizas de manera espontánea a lo largo del día. El diálogo interno positivo se está popularizando cada vez más como un método poderoso para desarrollar nuestra autoestima y reducir los sentimientos negativos. Los maestros del diálogo interno positivo son vistos como personas más motivadas, seguras de sí mismas y productivas.

Si bien algunas personas nacen con un buen diálogo interno, la mayoría de las personas debe aprender a fomentar ideas felices y disipar las negativas. Con la práctica, se volverá más instintivo entretener ideas agradables que ideas dañinas.

### El diálogo interno positivo frente al diálogo interno negativo

El diálogo interno positivo nos motiva y reconforta. Examina las siguientes afirmaciones internas:

- Hoy voy a hablar en la reunión como si tuviera algo fundamental para decir. Esta parece ser una actitud y una estrategia positivas.
- No sé si quiero hablar en la reunión hoy. Si digo algo estúpido, quedaré como un tonto.

Contrasta el comentario poco favorable con la afirmación que le precede. Es una actitud bastante autodestructiva, ¿no crees?

Lo contrario al diálogo interno positivo es rumiar. Esto ocurre cuando reproduces todo el tiempo en tu mente ideas o experiencias dolorosas o que dan vergüenza ajena. Pensar en un problema puede ser beneficioso, pero si te pasas demasiado tiempo pensando en ello, una mínima dificultad se vuelve peor. Rumiar puede aumentar tus posibilidades de sentir tristeza o ansiedad.

**¿Qué es el diálogo interno negativo? ¿Cómo puede afectarte?**

Este es tu crítico interno. Tu peor enemigo. La autocrítica puede tomar muchas formas. Hay interpretaciones prácticas y crueles: *no soy buena en esto, así que debería evitar hacerlo por mi propia seguridad física*, por ejemplo. Quizás piensas que estás haciendo una evaluación justa de la situación, por ejemplo: *Saqué un cinco en este examen. Temo que mis notas bajas en matemáticas no me permitan asistir a una universidad importante.*

El crítico interno puede recordarte a un crítico anterior en tu vida, como un padre o un conocido. Las posibles consecuencias incluyen la catastrofización, la estigmatización y otros errores cognitivos relacionados.

Los efectos del diálogo interno destructivo pueden ser de gran alcance. La investigación a gran escala ha asociado a rumiar eventos negativos y culparse a uno mismo con una mayor probabilidad de desarrollar trastornos psicológicos.

Los pensamientos negativos se han asociado con la pérdida de motivación y un aumento de la desesperanza. La depresión está vinculada a este tipo de autocrítica; por lo tanto, es evidente que debe ser abordada.

El diálogo interno negativo hace que sea más difícil ver todas las posibilidades y reduce la posibilidad de aprovecharlas cuando aparecen. Esto quiere decir que la sensación de ansiedad incrementada proviene de cómo se percibe y cómo hace actuar a las personas. El diálogo interno negativo también puede tener los siguientes efectos destructivos:

- **Pensar en pequeño:** cuando te dices una y otra vez que no puedes hacer algo, comienzas a creerlo.
- **Perfeccionismo:** comienzas a creer que "bien" no es tan bueno como "perfecto" y que puedes alcanzar la perfección. Por otro lado, las personas que no buscan ser perfectas tienden a hacer mejor las cosas que aquellas que sí lo buscan, porque no se sienten tan estresadas y se complacen con un trabajo bien hecho. No intentan descubrir qué podrían haber hecho mejor.
- **Depresión:** tener pensamientos negativos sobre ti mismo puede hacerte sentir peor. Si no se hace nada al respecto, puede ser muy perjudicial.
- **Relaciones complicadas:** si juzgarte a ti mismo todo el tiempo te hace parecer una persona susceptible o insegura, o si transformas tu diálogo interno negativo en rutinas negativas que preocupan a los demás, una brecha en la comunicación y un nivel de crítica "poco serio" pueden crear tensión en tus relaciones laborales y personales.

Uno de los problemas más evidentes de la autocrítica es que no te hace sentir mejor. Las personas que se hablan a sí mismas de manera positiva suelen experimentar resultados más positivos. Sí, la automotivación es un indicador de éxito. Así que adelante, dite a ti mismo que lo estás haciendo genial, y los demás pronto también lo notarán.

### ¿El diálogo interno positivo puede cambiar tu vida?

Puedes cambiar tu plática interna si sientes que es demasiado negativa o si quieres hacer más énfasis en los buenos pensamientos. Tiene el potencial de hacerte una persona más sana y feliz.

Se ha demostrado que el diálogo interno positivo puede

aumentar la productividad y el bienestar. Un pensamiento y un diálogo interno más positivos se han asociado a muchos beneficios terapéuticos como los siguientes:

- mejor salud
- más felicidad
- defensas reforzadas
- mejor salud cardiovascular y menos malestar
- más felicidad y satisfacción
- menor riesgo de mortalidad
- mejor salud física

No está claro por qué las personas más optimistas y con un diálogo interno más positivo obtienen estas ventajas. Según Holland (2018), investigaciones revelan que las personas que poseen un diálogo interno positivo cuentan con capacidades mentales que facilitan la resolución de problemas, el pensamiento creativo y la manera adecuada de lidiar con la adversidad. De este modo, se pueden mitigar las consecuencias negativas del estrés y la ansiedad.

## Toma en serio a tu voz interior

Los pensamientos y creencias del niño interior pueden investigarse a través del diálogo interno de la persona. Por lo tanto, es una forma de ver de qué manera tus convicciones más profundas influyen en tu vida. A continuación, debes identificar los síntomas típicos del comportamiento de tu niño interior, más allá del diálogo interno crítico que surge de tu diálogo automático. Cuando alguien actúa de una manera en particular, es fácil notar que su niño interior sufre.

Estas son diferentes actitudes que sirven como indicadores de un niño interior herido, ya sea con un monólogo interno o no:

- **Reacción exagerada frente a las pequeñas cosas:** ¿cómo sabes que tienes heridas emocionales de tu infancia si algunas de ellas ocurrieron cuando eras demasiado pequeño como para recordarlas? Una técnica es ver tus reacciones a diferentes circunstancias en busca de pistas, sobre todo si parecen exageradas. Si, por ejemplo, te enfureces cuando un amigo echa un vistazo a su teléfono mientras habla contigo, puede que de niño no hayas satisfecho tu necesidad de atención.

- **Autosabotaje:** se emplea el término "conducta de autosabotaje" para describir cualquier acción (o la falta de acción) que se realiza con el objetivo específico de sabotear nuestros propios esfuerzos. Por ejemplo, en mi caso, la conducta de autosabotaje incluía iniciar discusiones sin sentido con mi expareja por asuntos triviales.

- **Métodos de adaptación tóxicos:** una manera de lidiar con los sentimientos difíciles es con un método de adaptación. Quienes sufrieron traumas de niños pueden acudir más adelante a mecanismos de adaptación nocivos como el abuso de sustancias, beber en exceso o sumergirse en mundos virtuales como las redes sociales y los videojuegos. También se sobreexigen en el esfuerzo por evitar lidiar con sus emociones.

- **Dificultades en los vínculos personales cercanos:** esto incluye dificultades familiares, el sentirse rechazado, castigado o como un extraño o una importante dependencia emocional entre tú y tu padre o tu madre. Sea cual sea la situación, cualquier tipo de vínculo familiar complicado puede señalar viejos problemas de la infancia sin resolver y necesidades no satisfechas.

- **Tener poca autoestima y culparse a uno mismo constantemente:** haber sido criado por personas exigentes o demasiado críticas puede llevar a desarrollar un crítico interno que busca defectos y anula nuestras emociones todo el tiempo.
- **Problemas con relaciones tóxicas:** si eliges parejas que te hacen sentir triste o que son inaccesibles, puede ser una señal de que, en tu infancia, tu capacidad para forjar vínculos sanos con los demás ha sufrido un grave daño.
- **Problemas de salud mental persistentes, entre ellos la depresión y la ansiedad:** las personas que han sufrido una herida interna en la infancia suelen tener problemas para lidiar con emociones como el vacío interior, la impotencia y la desesperanza. Les preocupa ser solo un caparazón de su verdadero yo y que su existencia esté falta de pasión u originalidad. Por ejemplo, pueden sentirse solas o aisladas aunque estén rodeadas de otras personas.
- **Abandono:** aquellas personas que han sufrido abandono, negligencia o rechazo en el pasado pueden ser más propensas a desarrollar una fobia a la soledad o al abandono tanto físico como emocional. El abandono, el maltrato o la muerte de un ser querido se incluyen en esta categoría. Los problemas de abandono pueden afectar de manera negativa a las relaciones, emociones, creencias y la conducta de la persona. Su "niño interno" puede verse tristemente afectado por cuestiones de abandono. El apego a las relaciones, los celos, la posesividad, los sentimientos de inseguridad y una baja autoestima son ejemplos de dificultades de abandono.

- **Miedo al rechazo:** la ansiedad, la inseguridad y una baja autoestima pueden surgir por el miedo al rechazo, una respuesta emocional frecuente al riesgo de ser rechazado o excluido por los demás. Si tienes miedo al rechazo, puede que nunca invites a alguien a salir o le digas lo que sientes. Las creencias negativas sobre ti mismo, como "no soy lo suficientemente bueno" o "no soy digna de ser amada", pueden formarse cuando el niño interior de una persona se topa con el rechazo o la marginación. Debido a esto, el individuo comienza a dudar de su propio valor y arruina sus relaciones en un esfuerzo por evitar el rechazo en el futuro.

- **Falta de valor para decir lo que pensamos y expresar pensamientos y sentimientos:** este concepto se relaciona con el miedo a expresarse, a establecer límites o decir lo que se piensa por temor al rechazo o a enfrentar consecuencias negativas. Por ejemplo, si una persona se siente incómoda en una situación, pero no lo expresa, puede causar resentimiento o enojo hacia ella misma o los demás. Este miedo afecta a su niño interior y evita que exprese sus necesidades y deseos, lo que conduce a un sentimiento de dolor o negligencia emocional.

- **Falta de confianza en los demás:** este concepto se centra en la desconfianza para con los demás, algo que puede deberse a experiencias pasadas de traición o trauma. Por ejemplo, a una persona a la que le han mentido o ha sido engañada le cuesta confiar en los demás en sus futuras relaciones. Esta desconfianza afecta a su niño interior al crear sentimientos de miedo e inseguridad que la hacen sentir insegura o insignificante en sus relaciones.

- **Deseo de complacer a los demás:** este concepto describe la tendencia a priorizar las necesidades y los deseos de los demás sobre los propios, a menudo en detrimento de nuestra felicidad y nuestro bienestar. Por ejemplo, si alguien siempre dice que sí a los demás, pero ignora sus propias necesidades, puede que se sienta abrumado o rencoroso. Esta conducta puede afectar a su niño interior al crear sentimientos de insuficiencia o baja autoestima, lo que lleva a la creencia de que sus propias necesidades no son importantes o no se valoran.
- **Permitir que los demás sobrepasen tus límites:** esto hace referencia a la tendencia de dejar que otras personas no respeten tu espacio personal, valores y creencias, lo que lleva a sentir resentimiento, baja autoestima e impotencia. Por ejemplo, si una persona no impone límites con una pareja abusiva, puede sentir vergüenza o culpa, lo que puede afectar a su niño interior al crear sentimientos de indignidad y negligencia.
- **Inclinación hacia comportamientos adictivos:** esto refiere a la tendencia a involucrarse en conductas compulsivas y excesivas, como el abuso de sustancias o la adicción al juego, lo que produce una sensación de pérdida del control y trae consecuencias negativas. Por ejemplo, una persona que consume drogas puede sentirse atrapada e incapaz de parar, lo que hace que se sienta desolada y se odie a sí misma. Esta conducta puede afectar a su niño interior al crear sentimientos de vergüenza y culpa y la creencia de que no merece amor y apoyo.
- **Evitar a los demás:** esto hace referencia a la tendencia de evitar situaciones sociales, lo que hace

que una persona se sienta sola y aislada y tenga problemas para forjar vínculos con los demás. Por ejemplo, una persona que evita reuniones sociales puede sentirse marginada o desconectada, lo que puede afectar a su niño interior al crear sentimientos de tristeza e inseguridad y la creencia de que no es digna de pertenecer o ser aceptada.

- **Rápida propensión a la ira:** esto hace referencia a la tendencia de enojarse o irritarse rápidamente, lo que lleva a una persona a perder el control, frustrarse y tener dificultades para controlar sus emociones. Por ejemplo, una persona que se enoja rápidamente puede descargarse con los demás, lo que hace que sienta culpa o se arrepienta. Esta conducta afecta a su niño interior al crear sentimientos de inseguridad e indignidad y la creencia de que no es capaz de manejar situaciones de manera efectiva.

- **Dificultad para soltar:** este concepto refiere a la tendencia de aferrarse a experiencias, emociones o pensamientos negativos, lo que lleva a una persona a sentirse estancada o atrapada. Por ejemplo, una persona que no puede soltar una relación pasada puede reproducir eventos en su mente todo el tiempo y sentirse atrapada en el dolor, lo que puede afectar a su niño interior al crear sentimientos de indignidad y baja autoestima.

- **Miedo a las cosas nuevas:** este concepto refiere a la tendencia a sentir miedo o ansiedad ante experiencias o situaciones desconocidas, lo que conduce a sentir que no podemos adaptarnos a ellas o lidiar con ellas. Por ejemplo, una persona que tiene miedo a probar cosas nuevas puede dejar pasar oportunidades para crecer y desarrollarse, lo que hace que se arrepienta y dude de sí misma. Este comportamiento puede afectar a su niño interior al crear sentimientos de miedo e inseguridad y la creencia de que no es capaz de lidiar con experiencias nuevas.

- **Perfeccionismo:** este concepto refiere a la tendencia a buscar la perfección en todos los aspectos de la vida, lo que conduce a sentir presión y criticarse a uno mismo. Por ejemplo, una persona perfeccionista puede sentir ansiedad y estrés cuando no puede lograr sus metas o alcanzar sus estándares, lo que disminuye su autoestima y la hace sentir insuficiente. Este comportamiento puede afectar a su niño interior al crear sentimientos de inseguridad y vergüenza y la creencia de que no es lo suficientemente buena.

- **Sentir que has hecho algo mal todo el tiempo:** este concepto refiere a la tendencia de sentir culpa o vergüenza por nuestros pensamientos o acciones, lo que nos lleva a culparnos a nosotros mismos y sentir que no valemos nada. Por ejemplo, una persona que se siente una pecadora puede criticarse a sí misma todo el tiempo y sentir que no merece amor ni perdón, lo que la lleva a sentirse aislada y desesperanzada. Este comportamiento puede afectar a su niño interior al crear sentimientos de vergüenza y odio hacia uno mismo y la creencia de que no se merece amor y aceptación.

- **Esperar el fracaso:** este concepto refiere a la tendencia de anticipar resultados o situaciones negativas, lo que lleva a sentir impotencia y desesperación. Por ejemplo, una persona que espera el fracaso puede renunciar a sus sueños o metas antes de siquiera intentarlo, lo que hace que se lamente y se sienta insegura. Este comportamiento puede afectar a su niño interior al crear sentimientos de miedo y baja autoestima y la creencia de que no es capaz de lograr sus metas.

- **Buscar parejas abusivas:** este concepto refiere a la tendencia de buscar relaciones dañinas o abusivas, lo que lleva a una persona a sentirse atrapada, incapaz de escapar. Por ejemplo, una persona que busca parejas abusivas puede pensar que merece que la traten mal o que no puede encontrar a nadie más, lo que hace que se culpe a sí misma y tenga baja autoestima. Este comportamiento puede afectar a su niño interior al crear sentimientos de temor e inseguridad y la creencia de que no merece estar en una relación sana y amorosa.

- **Sentir que no perteneces:** este concepto refiere a la tendencia de sentirse un extraño o tener problemas para encajar con los demás, lo que nos hace sentir solos y aislados. Por ejemplo, a una persona que siente que no encaja le cuesta hacer nuevos amigos o forjar vínculos con los demás, lo que hace que se sienta rechazada y tenga baja autoestima. Este comportamiento puede afectar a su niño interior al crear sentimientos de insuficiencia y baja autoestima y la creencia de que no merece pertenecer ni ser aceptado.

- **Ser dependiente o solitario:** este concepto refiere a la tendencia de depender de los demás o aislarse de los demás, lo que hace que nos sintamos incapaces de tener relaciones sanas. Por ejemplo, una persona dependiente puede ser ansiosa o demandante en sus relaciones, y cuando no recibe el nivel de atención deseada, se siente rechazada o abandonada. De modo similar, una persona solitaria puede sentirse desconectada y aislada de los demás y, en consecuencia, sentirse sola e insuficiente. Esto puede afectar a su niño interior al crear la creencia de que no se merece ser amado o forjar un vínculo.

- **No poder hacerse valer:** este concepto refiere a la dificultad para mantenerse firme, fijar límites o expresar nuestras opiniones, lo que lleva a sentir impotencia, resentimiento y dificultad para forjar relaciones sanas. Por ejemplo, una persona que no puede hacerse valer puede sentirse abrumada o ansiosa en situaciones en las que debe hacerlo, lo que hace que se lamente o frustre cuando no lo logra. Este comportamiento puede afectar a su niño interior al crear la creencia de que es incapaz o no se merece hacer valer su opinión, lo que lleva a sentimientos de insuficiencia o baja autoestima.

Descubre qué te ha herido de niño para que puedas entender qué hacer a continuación y realizar cambios. Esto también te ayudará a establecer metas, terminar con los malos hábitos y usar las afirmaciones y los mantras apropiados al meditar y sanar tus chakras.

### Cuestionario: ¿tu niño interior está herido?

Este es un simple cuestionario que puedes realizar para ayudarte a identificar si tu niño interior está herido.

1. ¿Sigues aferrándote a rencores y enojos por cosas que sucedieron en tu niñez?

- Sí
- No

1. ¿Has podido ser tu verdadero yo cuando eras pequeño?

- Sí
- No

1. ¿Cómo recuerdas tu infancia?

- No muy buena
- Una experiencia increíble

1. Si tuvieras la oportunidad, ¿te gustaría regresar a tu infancia?

- No, para nada
- Sí, definitivamente

1. ¿Te cuesta hacerte oír y expresar tu opinión?

- Sí
- No

1. ¿Te pones nervioso alrededor de otras personas? ¿Sufres de ansiedad social?

- Sí
- No

1. ¿Te cuesta controlar tus sentimientos?

- Sí

- No

1. ¿Tienes miedo de que alguien te abandone?

- Sí
- No

1. ¿Tienes problemas para confiar en los demás?

- Sí
- No

1. ¿Has bebido alcohol, fumado cigarrillos, o incluso hecho compras compulsivas en alguna ocasión para olvidarte de algo malo que sucedió en el pasado?

- Sí
- No

1. ¿Sueles entrar en conflicto contigo mismo o con los demás?

- Sí
- No

1. ¿Sueles culpar a los demás por tus errores?

- Sí
- No

¿Cuántas de tus respuestas a las preguntas anteriores se corresponden con los síntomas de un niño herido? Evalúate a ti mismo de acuerdo con tus respuestas. Esto te guiará en los aspectos en los que necesitas trabajar y superar.

*El niño interior herido es la entrada principal a la sanación y la integración. –*Marcus W. Kasunich

¡Genial! Ya estás escuchando la voz de tu niño interior. A continuación, descubramos cómo el niño interior influye en tu vida, tu bienestar y tus relaciones antes de intentar los pasos para sanar a un niño interior.

# 4

## TU NIÑO INTERIOR ESTÁ GRITANDO

En ocasiones, tienes que ver cómo las heridas de tu niño interior afectan a tu bienestar, tu felicidad, tus vínculos, tus finanzas y otros pequeños detalles antes de poder entender lo importante que es sanar antes de que las cosas empeoren. Por lo tanto, descubramos cómo el estado de tu niño interior afecta todos los aspectos de tu vida cotidiana. Incluso si descubres la verdad sobre tus creencias fundamentales, estas pueden seguir siendo las mismas. Entonces, poner tu plan en acción quizás no funcione hasta que sepas lo que sucederá si no lo haces. Es difícil asumir la verdad sobre lo que hacemos y en lo que nos hemos convertido, pero la meditación y la sanación de chakras te ayudarán a vivir una experiencia mágica cuando lo hagas.

Sin saberlo, esperamos que nuestras relaciones, nuestros trabajos y el mundo exterior *resuelvan* los problemas que tuvimos de niños. Recurrimos a los demás para satisfacer nuestras necesidades espirituales, emocionales y físicas que no recibimos en casa o por las que tuvimos que pagar un precio cuando éramos pequeños. Por supuesto, no puedes esperar a que eso suceda. Después de todo, *proyectamos* en los demás lo que esperamos de nuestros padres en primer lugar en vez de descubrir qué es lo que nos ha lastimado. La primera idea es que alguien cuide de nosotros porque nosotros no podíamos hacerlo. El temor a tener que sobrevivir *en ese momento* trae el recuerdo del dolor del comienzo. Quizás está sucediendo por una razón. Este es un buen momento para averiguarlo.

### ¿Las heridas de tu niño interior afectan tu felicidad?

Las heridas emocionales que hemos sufrido en nuestra infancia incluyen el abandono, el rechazo y el maltrato, entre otras. Cuando las heridas de nuestro niño interior no sanan apropiadamente, pueden seguir afectándonos en nuestra vida adulta. Estas heridas se manifiestan de varias maneras, como la baja autoestima, la ansiedad, la depresión y la falta de confianza en los demás. Estas emociones negativas pueden conducir a un estado de bienestar y felicidad disminuido.

Por ejemplo, si una persona sufrió rechazo o abandono en la infancia, puede desarrollar un miedo arraigado al abandono de adulta. Ese temor puede evitar que forme relaciones cercanas o que confíe en los demás, lo que puede hacer que se sienta sola o aislada.

Del mismo modo, si alguien sufrió maltratos en su infancia, puede tener baja autoestima y sentirse inútil. Estas creencias negativas pueden seguir afectándolo en su vida adulta al tener problemas para hacerse valer o seguir sus objetivos.

Para abordar las heridas del niño interior, es importante realizar prácticas de sanación que ayuden a procesar y liberar el dolor y las emociones asociadas con experiencias pasadas. Pueden incluir terapia, prácticas de conciencia plena y actividades de cuidado personal que nutren al niño interior y ayudan a crear autocompasión y amor propio.

En definitiva, sanar las heridas del niño interior nos ayuda a vivir una vida adulta con más plenitud y felicidad, ya que aprendemos a soltar las creencias y emociones negativas y abrazar un sentimiento de paz interior y bienestar. La estabilidad mental es la fuente de la felicidad a largo plazo. Por lo tanto, sanar las heridas de tu niño interior te hará sentir más feliz durante mucho más tiempo y no deberás buscar una "solución rápida" que solo te hará olvidar durante un corto tiempo y te hará daño a largo plazo.

### ¿Cómo afectan las heridas de tu niño interior a tus finanzas?

Tu niño interior herido puede generar conductas de autosabotaje como gastar en exceso, no pagar las cuentas y darse un gusto con regalos costosos para una inyección emocional de dopamina y serotonina como solución rápida.

Las heridas de nuestro niño interior pueden tener un gran impacto en nuestras decisiones y actitudes financieras de adultos. Cuando sufrimos heridas emocionales como maltrato, abandono o negligencia en nuestra infancia, desarrollamos mecanismos de adaptación que se manifiestan en forma de conductas de autosabotaje en nuestras vidas financieras.

Por ejemplo, una persona que ha sufrido abandono en la infancia puede sentir escasez y ansiedad constantemente en torno al dinero en la adultez. Esto puede hacer que gaste en exceso, acumule dinero o tenga problemas para administrar sus finanzas.

De modo similar, alguien que ha sufrido maltratos de niño puede desarrollar un patrón de acumular posesiones materiales para lidiar con el dolor emocional. Puede gastar de manera impulsiva o comprarse regalos costosos en busca de una sensación temporal de comodidad o validación.

Estas conductas de autosabotaje pueden tener consecuencias a largo plazo en nuestra estabilidad y nuestro bienestar financieros. Gastar en exceso o no pagar cuentas genera deudas y estrés financiero, mientras que depender de posesiones mate-

riales para sentir plenitud emocional crea un ciclo intermi-
nable de consumismo e inseguridad financiera.

Para abordar estas conductas, es importante reconocer y
sanar las heridas de nuestro niño interior. Esto incluye trabajar
con un terapeuta o consejero para abordar el dolor emocional y
desarrollar mecanismos de adaptación sanos, así como la
conciencia plena y actividades de cuidado personal para
generar autoconciencia y autocompasión.

También es útil diseñar un plan financiero y un presupuesto que se alinee con nuestros valores y objetivos a largo
plazo, ya que puede brindar una sensación de estabilidad y
dirección en nuestras vidas financieras. Al abordar las heridas
de nuestro niño interior y desarrollar hábitos financieros saludables, lograremos una mayor estabilidad y bienestar a nivel
financiero y nos libraremos de conductas de autosabotaje que
nos estancan en ciclos de estrés e inseguridad.

### ¿Cómo afecta un niño interior herido a las relaciones?

Nuestro niño interior herido puede tener un impacto significativo en nuestra capacidad de construir y mantener relaciones
sanas. Cuando arrastramos heridas emocionales sin resolver de
nuestra infancia, podemos tener problemas con la confianza, la
intimidad y la conexión emocional, lo que puede afectar a la
motivación y la energía de la relación desde un principio.

Un niño interior herido hace que anhelemos pertenencia y
aceptación, lo que nos vuelve vulnerables a las relaciones
abusivas. Esto se debe a que estamos dispuestos a pasar por
alto señales de alerta o soportar malos tratos para sentirnos
amados y aceptados. Esto puede perpetuar un ciclo de traumas
y dolor emocional que afecta a nuestro bienestar y nuestras
futuras relaciones.

A su vez, nuestro niño interior herido puede hacer que nos
volvamos manipuladores sin quererlo y arruinar una relación

potencialmente buena. Esto sucede cuando intentamos controlar a nuestra pareja o evitar mostrarnos vulnerables por temor al rechazo o a salir lastimado. Estos comportamientos manipulativos pueden hacer que nuestras parejas se sientan poco respetadas o ignoradas, lo que lleva a rupturas y dolor emocional.

Para abordar al niño interior herido y mejorar nuestras relaciones, es importante buscar apoyo y sanación. Esto implica trabajar con un terapeuta o un consejero para abordar nuestras heridas emocionales y desarrollar mecanismos de adaptación sanos, así como practicar actividades de cuidado personal para generar autoconciencia y autocompasión.

Es crucial establecer expectativas y límites claros en nuestras relaciones y comunicarnos de manera abierta y honesta con nuestra pareja. Al abordar las heridas de nuestro niño interior y desarrollar habilidades para una relación sana, podremos formar y mantener relaciones plenas y de apoyo mutuo que contribuyan a nuestra felicidad y nuestro bienestar general.

Cuando acarreamos heridas emocionales de nuestra infancia sin resolver, podemos tener problemas para formar y mantener relaciones sanas. Esto trae diferentes consecuencias conductuales que pueden sabotear aún más cualquier relación potencialmente sana.

Una de esas consecuencias son los celos, que pueden surgir del temor a perder el amor o la aceptación de nuestra pareja. Esto lleva a actitudes controladoras, como revisar su teléfono o redes sociales todo el tiempo, que pueden generar un conflicto en la relación.

La dependencia también es el resultado de un niño interior herido, ya que sentimos la necesidad constante de validación y atención por parte de nuestra pareja. Esto hace que prioricemos a nuestra pareja antes que a nosotros, lo que genera una falta de límites personales o traición a uno mismo.

Además, el miedo al abandono o al rechazo puede llevar a

la codependencia, que puede sabotear aún más una relación. Esto hace que nos quedemos en relaciones abusivas o incompatibles, ya que tenemos miedo a estar solos o ser rechazados.

Un miedo al compromiso, la vulnerabilidad o la intimidad también es una consecuencia de un niño interior herido, ya que sentimos incomodidad o ansiedad sobre esos aspectos de una relación. Esto lleva a una falta de límites personales y sexuales, así como sentir vergüenza con respecto a nuestro cuerpo y a nosotros mismos. La tendencia a poner las necesidades de los demás antes que las nuestras y tener problemas con la confianza, un historial de codependencia y repetir patrones en las relaciones son otras señales de un niño interior herido.

Las relaciones tóxicas son un círculo vicioso que lastima aún más al niño interior. Las relaciones abusivas y tóxicas son más frecuentes, pues sientes atracción hacia personas que te maltratan, evitan o ignoran porque crees que es normal. Las relaciones incluyen tanto a parejas románticas como amigos y familiares.

Estos son algunas señales comunes de una relación tóxica:

- falta de comunicación o comunicación insuficiente
- manipulación o actitud controladora
- denigración y críticas constantes
- sentirse ignorado o poco apoyado
- abuso emocional o físico
- celos o desconfianza
- peleas o conflictos constantes
- ignorar límites o violar el espacio personal
- aislarse de amigos o familiares
- sentir tristeza, ansiedad o depresión cuando se está con la otra persona

Hay que tener en cuenta que cada relación es única y lo que

funciona para una persona puede no funcionar para otra. Sin embargo, si ves alguna de estas señales en tu relación, es importante que la abordes y busques apoyo. Esto implica hablar de manera abierta y honesta con tu pareja, buscar consejos o terapia o incluso terminar la relación si no es sana o plena. Recuerda que mereces estar en una relación que te dé alegría, felicidad y apoyo.

**¿Cómo afecta un niño interior herido a tu profesión?**

El ciclo compulsivo de repetición influye en la vida profesional al hacer que repitamos experiencias y patrones del pasado de manera inconsciente para resolver traumas o emociones no resueltas. Estos patrones suelen surgir de experiencias de nuestra infancia y pueden resultar en la elección de una profesión que refleja experiencias del pasado o la dificultad para avanzar en nuestra profesión por problemas emocionales. Esto puede ser perjudicial, ya que nuestra profesión influye de forma significativa en nuestro bienestar. La adicción al trabajo también es una forma de lidiar con traumas o heridas emocionales del pasado, a menudo asociadas con experiencias de la infancia como el abandono o el abuso emocional. Si bien la motivación para tener éxito puede ser positiva, los hábitos laborales perjudiciales pueden provocar estrés y desgaste profesional (*burnout*). Para abordar estas cuestiones, es importante explorar el origen de nuestro comportamiento, aprender mecanismos de adaptación saludables, establecer límites y prioridades y lograr un enfoque más equilibrado para nuestra vida y nuestra profesión. También implica establecer prioridades y límites claros para garantizar un equilibrio entre el trabajo y otros aspectos de nuestra vida, como pasatiempos, relaciones y el cuidado personal.

Al abordar las heridas emocionales subyacentes y desarrollar mecanismos de adaptación y hábitos sanos, podemos librarnos de la adicción al trabajo y lograr un enfoque más saludable y equilibrado en nuestra profesión y nuestra vida.

Tu profesión se ve fuertemente influenciada por tu niño interior, y quizás dejas que todo el mundo se aproveche de ti en esa búsqueda incesante de la perfección y la validación. No puedes ser feliz en circunstancias laborales como esas.

## ¿Cómo afectan las heridas del niño interior a la crianza de tus hijos?

Las heridas de tu niño interior pueden tener un impacto significativo en tu estilo y tus habilidades de crianza. La forma en la que te han criado y las heridas emocionales que has sufrido en la infancia determinan la forma en la que crías e interactúas con tus hijos

Si has sufrido abandono o maltrato emocional en la niñez, quizás tienes problemas para dar a tus hijos el amor, el cuidado y la atención que necesitan. Tal vez tienes problemas para establecer límites sanos, manejar tus emociones o responder de manera efectiva a las necesidades de tus hijos.

Por otro lado, si has tenido padres controladores o sobreprotectores, quizás replicas sin darte cuenta estos patrones con tus propios hijos. Tal vez te cuesta darles el espacio y la libertad que necesitan para crecer y desarrollarse, o eres demasiado crítico y exigente con su comportamiento y sus logros.

Las heridas de tu niño interior también afectan la forma en la que lidias con el estrés y manejas los conflictos con tus hijos. Si has sufrido un trauma o dolor emocional de niño, puede que tengas problemas para regular tus propias emociones y responder con calma al comportamiento de tu hijo. Quizás también te cuesta comunicarte de manera efectiva o establecer un sentimiento sano de confianza y seguridad con tus hijos.

Sin embargo, ser consciente de estos patrones y trabajar para sanar tus propias heridas emocionales te ayudará a ser un padre o madre más eficiente y amoroso. El apoyo de un terapeuta o consejero te ayudará a identificar las áreas en las que tienes dificultades y a desarrollar mecanismos de adaptación y habilidades de comunicación saludables para conectarte mejor con tus hijos. Con tiempo, esfuerzo y autoconciencia, puedes romper el ciclo de las heridas emocionales y brindar a tus hijos el amor, el cuidado y el apoyo que necesitan para desarrollarse plenamente.

Si tu niño interior herido está a cargo de tus hijos, el problema principal es que seguirá existiendo el trauma generacional. Eso hace que tus problemas se transmitan a tus hijos, lo que lastimará a sus seres interiores amables e inocentes.

Estas son algunas indicaciones que sugieren que estás transmitiendo un niño interior herido a tus hijos.

- negarse a compartir o reconocer la expresión de las emociones
- reaccionar frente a tu hijo según tu estado de ánimo
- no saber cómo manejar sus berrinches
- no pasar suficiente tiempo con ellos
- no reconocer o elogiar sus logros
- criticar sus acciones todo el tiempo
- no confiar en sus intenciones
- no mostrar interés en sus intereses
- no saber quiénes son sus amigos
- evitar las conversaciones difíciles
- desalentar tanto los éxitos como los fracasos
- ignorar sus emociones negativas
- involucrarte frecuentemente en conflictos con tu hijo

Si tu niño interior herido te causa problemas, no hay por qué seguir sufriendo. Tómate el tiempo para escuchar y mostrar compasión hacia tu niño interior para comenzar el proceso de sanación. Usa las consecuencias de tu niño interior herido para comprender lo importante que es sanar. Luego prepárate para embarcarte en un proceso de sanación paso por paso.

*Debes ser el cambio que deseas ver en el mundo.* –Mahatma Gandhi

Ver cómo las heridas de tu niño interior afectan y arruinan tu vida, tus relaciones, tus finanzas, tu felicidad y el futuro de tus hijos es suficiente como para querer ser el cambio que quieres ver en el mundo. A continuación, veamos cómo aplicar prácticas antiguas y técnicas de sanación orientales que se unifican en el trabajo del niño interior del mundo moderno.

# UN MOMENTO DE REFLEXIÓN

*Un adulto es un niño con capas.* –Woody Harrelson

Antes de que sigamos desbloqueando el poder de sanación de tu niño interior, tomémonos un momento para reflexionar.

Aún tenemos mucho trabajo por hacer, pero a estas alturas deberías tener una idea más clara de quién es tu niño interior y cómo influye en tu manera de ser en este mundo.

¿Cómo te sientes? ¿Estás comenzando a experimentar una sensación de paz, como una ola tranquilizante de aceptación propia que te inunda poco a poco?

En mi caso, descubrir a mi niña interior y el papel que cumplía en mi vida adulta fue una experiencia increíblemente reafirmante. Me hizo entender tantas cosas por las que había pasado y lo que creía sobre mí misma. Te otorga un poder maravilloso, tal como lo veremos más adelante en este libro.

Sin embargo, antes de hacer eso, me gustaría pedirte un favor para hacer llegar esta sensación de paz y la oportunidad de sanar a muchas más personas... no te preocupes, no te llevará más de unos minutos. Lo único que te pido es que dejes una reseña.

Si dejas una reseña de este libro en Amazon, mostrarás a los nuevos lectores dónde encontrar la sanación que están buscando y les harás saber que realmente es posible.

Al contar a otros lectores de qué manera te ha ayudado este libro y lo que encontrarán dentro, les mostrarás el camino hacia la aceptación propia, el crecimiento personal y la sanación.

## 5

# LIBERA EL PODER SANADOR DE TU NIÑO INTERIOR: ¡TRANSFORMA TUS HÁBITOS Y REFUERZA TUS LÍMITES PARA LOGRAR UN CAMBIO DURADERO!

Establecer metas para lograr cambios hace que sea diez veces más probable que suceda a diferencia de no tener metas. Planificar tu proceso de sanación garantizará el éxito que ni en tus sueños más ambiciosos habrías imaginado. Puedes seguir un enfoque paso por paso con el proceso HEAL. El proceso HEAL preparará tus expectativas y te mostrará cómo usar los siguientes pasos y por qué funcionan. ¿Qué significa HEAL?

### H (Harvest)–Cultiva las necesidades de tu niño interior

Todo lo que hemos descubierto hasta ahora es para cultivar las necesidades de tu niño interior. Tendrás que tener en cuenta cómo deben sanar las heridas de tu niño interior. Meditar sobre sus necesidades es una buena idea. Por lo tanto, en esta parte del proceso HEAL no hay un paso propiamente dicho. En cambio, puedes utilizar la meditación de autorreflexión para prepararte para los próximos pasos.

*¿Qué es la meditación de autorreflexión?*

Estamos tan absortos en nuestras esperanzas, metas y preocupaciones que perdemos la capacidad de pensar en silencio. Si bien hay ocasiones en las que debemos motivarnos y ser productivos, hay momentos en los que es necesario conectar con nuestro yo interior y ser conscientes de lo que sucede aquí y ahora. La meditación de autorreflexión ayuda a comprender lo que pensamos y lo que queremos. Mientras más pensemos en nuestros sentimientos, pensamientos, valores y puntos de vista, mejor podremos verlos tal como son.

*Beneficios de la meditación de autorreflexión*

La meditación de autorreflexión es una herramienta poderosa que nos permite ahondar en nuestro yo interior, explorar nuestros pensamientos, emociones y comportamientos y comprender mejor nuestras experiencias. Estos son cinco beneficios de la meditación de autorreflexión:

1. **Mayor autoconciencia**: la meditación de autorreflexión nos ayuda a ser más conscientes de sus pensamientos, emociones y actitudes. Al tomarnos el tiempo para reflexionar en estos aspectos de nosotros mismos, podemos entender mejor nuestras motivaciones, valores y creencias. Un mayor conocimiento de nosotros mismos conduce a tomar mejores decisiones, así como más autoaceptación y una autoestima más alta.

2. **Menos estrés y ansiedad:** practicar la meditación de autorreflexión nos puede ayudar a reducir el estrés y la ansiedad al brindarnos un espacio para liberar las emociones y los pensamientos negativos. A través de la meditación, las personas pueden observar sus pensamientos y emociones sin juzgar, lo que ayuda a reducir el impacto de los factores estresantes en su salud física y mental.

3. **Mayor enfoque y concentración**: practicar la meditación de autorreflexión mejora nuestra

capacidad de concentración y enfoque. Esto se debe
a que meditar requiere centrar toda nuestra
atención en la respiración o en otros objetos, lo que
ayuda a desarrollar mayores habilidades de
concentración.

4. **Mejores relaciones**: la meditación de autorreflexión
ayuda a las personas a estar más atentas y presentes
en sus relaciones. Al ser más conscientes de sus
pensamientos y emociones, desarrollan una mayor
empatía y comprensión hacia los demás. Esto lleva a
una mejora en la comunicación y vínculos más
profundos y satisfactorios.

5. **Mayor resiliencia**: al practicar la meditación de
autorreflexión con frecuencia, podemos desarrollar
una mayor resiliencia a los desafíos de la vida. Al
meditar, podemos observar nuestros pensamientos y
emociones sin sentirnos abrumados por ellos. Esto
nos ayuda a lidiar mejor con los factores estresantes
y los desafíos y desarrollar una mayor resiliencia y
estabilidad emocional.

*Sanar todo el sistema: comienza a cubrir todo lo que has descu-
bierto hasta ahora–Prácticas reflexivas*

Las prácticas reflexivas nos ayudan a ser más conscientes de
cómo nos sentimos. El pensamiento reflexivo y consciente nos
trae de vuelta a nosotros mismos y nos ayuda a conocer mejor
nuestro cuerpo, nuestra alma y nuestros pensamientos y
emociones. Esto nos brinda la oportunidad de comenzar de
nuevo con un renovado sentido de armonía y equilibrio.

Cuando las personas escuchan la frase "práctica reflexiva",
suelen pensar en sentarse y meditar. Sin embargo, hay muchas
otras maneras de reflexionar y pensar. Para muchas personas,
la oración es un momento de profunda reflexión. La reflexión
puede ser una meditación en movimiento u otras formas

activas como el yoga o el tai chi. Escribir en un diario, componer música y hacer arte pueden ser prácticas reflexivas si se realizan con el objetivo de enfocar la mente.

En esta sección del libro, damos consejos sobre diferentes prácticas.

La salud tiene origen en nuestras raíces físicas, emocionales y espirituales. No podemos ayudar a sanar a los demás o al mundo que nos rodea hasta que sepamos qué sucede en nuestro interior y tomemos medidas para recuperar un equilibrio.

Cuando pensamos en algo y reflexionamos sobre ello, estamos más dispuestos a verlo tal cual es, no como creemos que debería ser. Descubrimos que podemos soltar los límites y jerarquías que fijamos para nosotros mismos, así como nuestros planes, dudas, metas, preocupaciones, arrepentimientos y pensamientos que nos impiden estar aquí y ahora.

Al igual que otras personas que practican el liderazgo sistémico, dejamos de reaccionar y, en cambio, nos enfocamos en la escucha profunda. Soltamos la necesidad de controlar cómo resultan las cosas y dejamos que surjan muchas ideas y puntos de vista diferentes. Confiamos en que al grupo se le ocurrirá la respuesta correcta.

**Meditación**

La meditación no es una práctica secreta en absoluto. Cualquiera puede meditar. Solo se necesita tiempo en el que podamos evitar las interrupciones y un lugar donde podamos sentarnos o recostarnos tranquilamente y llevar nuestro cuerpo a un estado de calma.

Podemos meditar solo unos minutos o durante un largo tiempo si lo deseamos. Una vez que dejamos de hacer cosas, apagamos nuestros teléfonos y computadoras y nos hemos relajado, podemos prestar atención, lenta y suavemente, a nuestra respiración. Y cuando aparecen los sonidos, sentimientos, sensaciones, emociones y pensamientos, algo que siempre sucede, simplemente regresamos, de manera atenta y paciente, al movimiento fluido de la respiración en el cuerpo. El siguiente enlace es un ejemplo de una meditación que puedes realizar: https://www.youtube.com/watch?v=ZToicYcHIOU

**Aquí tienes algunos consejos para comenzar:**

Para comenzar, intenta meditar entre 10 y 15 minutos al día. Si puedes, hazlo a la misma hora cada día, por ejemplo, cuando te despiertas o a la hora de almorzar.

Haz lo posible para transformarlo en un hábito, pues los hábitos son una buena manera de crear un estilo de vida saludable. Si estás por irte a la cama y aún no has meditado, puedes sentarte en la cama unos diez minutos, concentrarte en tu respiración y meditar antes de dormir.

No tienes que sentarte en un cojín para meditar y reflexionar; cualquier momento es bueno para hacerlo. Encuentra un video de meditación guiada que te ayude a comenzar. Si necesitas tomarte un pequeño descanso en el trabajo, hay muchas versiones de 7 a 12 minutos en línea.

Aquí tienes un ejemplo de un ejercicio de meditación de autorreflexión de 10 minutos: https://www.youtube.com/watch?v=8BO9ylK9vFU

**Ser consciente del aquí y ahora**

La conciencia del momento puede aplicarse en la vida cotidiana. Simplemente, comienza por ser consciente de lo que está sucediendo en tu cuerpo.

¿Te sientes relajado y libre en este momento, o te sientes pesado y tenso? ¿Cómo sientes tus pulmones? ¿Respiras desde el pecho o desde el estómago? ¿Es una respiración poco profunda? ¿Tensa o relajada? Prestar atención a tu cuerpo te ayuda a estar presente en el aquí y ahora y ser consciente de tus sentimientos y pensamientos.

**Escucha profunda y consciente**

La escucha profunda es una de las partes más importantes de sanar todo el sistema. Esto aplica para todo, desde la acción gentil hasta el liderazgo y el diálogo restaurador. Además de ser conscientes de nuestros sentimientos, podemos trabajar en escuchar realmente a los demás.

En la escucha consciente, soltamos lo que pensamos que sabemos y cómo nos sentimos en el pasado sobre una persona o situación y simplemente escuchamos lo que se está diciendo. No intentamos cambiar los sentimientos de la otra persona y no dejamos que nuestros pensamientos y opiniones se interpongan. En cambio, intentamos comprender lo que está atravesando.

**Dar un paseo**

Da un paseo sin prisa por tu barrio. Presta atención a lo que ves mientras caminas. No intentes descifrar su significado ni formar una opinión al respecto. Simplemente, mira los colores, la luz y el movimiento.

Luego intenta escuchar. De nuevo, solo escucha los sonidos; no intentes descifrar lo que está sucediendo.

Ahora es el turno de tu cuerpo. Mientras caminas, presta atención a cómo se siente tu cuerpo. Cuando tus pies tocan el suelo, ¿cómo se sienten? ¿Estás caminando rápido o lento? ¿Tus brazos están a los costados?

Dale a cada una de estas cosas entre 30 y 60 segundos de tu atención y cambia entre ellas a medida que caminas.

**Escritura**

Escribir en un diario es otra forma de practicar la conciencia plena. Esto implica escribir cómo te sientes mientras las emociones van y vienen. Puedes escribir que estás enojado, preocupado o a la defensiva, o que te sientes feliz, seguro de ti mismo y satisfecho.

Practica esto en diferentes situaciones para empezar a comprender cómo te sientes en un momento determinado, y como resultado, cómo respondes a diferentes situaciones y personas en tu vida cotidiana. El punto aquí no es intentar cambiar cómo te sientes, sino entender cómo están tu cuerpo y tu mente en este momento al prestarles atención.

Al dejar que tu mano y el bolígrafo se deslicen por la página o que tus dedos fluyan sobre el teclado, es más fácil que tus sentimientos, emociones y pensamientos salgan a la luz.

El secreto para la escritura como forma de reflexión es no autocensurarse ni tratar de organizar tus pensamientos. No estás editando, así que deja de ser tan exigente contigo mismo. Simplemente escribe. No te contengas.

Si no se te ocurre qué escribir, mantén tu mano o tus dedos en movimiento y escribe una y otra vez "no se me ocurre nada más" hasta que tu mente se aclare y las palabras surjan.

Al igual que la meditación, es mejor hacerlo con frecuencia. De este modo, la mente y el corazón se abrirán mucho más fácilmente. También puedes escribir en un diario cuando quieras un momento a solas, para ayudarte a resolver un problema o para conocer mejor o profundizar tus emociones sobre algo en particular.

### Arte y música

La música y el arte pueden ayudarnos a recordar quiénes somos. Elige una canción que te guste mucho y escúchala. No hagas más que dejar que fluya por tu ser y te envuelva. Luego presta atención a cómo te sientes (si quieres, puedes mostrárselo a alguien y ver qué sucede). Haz lo mismo con una obra de arte de tu agrado. Simplemente siéntate y admírala. ¿Qué te gusta de ella? ¿Por qué? ¿Cómo te sientes ahora que la has observado?

### Improvisación

La improvisación, como la música, es otra manera de evitar que nuestros pensamientos den vueltas en círculos y regresar al momento presente. Para improvisar tienes que estar aquí y ahora y prestar atención a lo que está sucediendo. Si quieres improvisar en grupo, tienes que soltar el control y reaccionar a lo que hacen los demás.

*¿Qué sucede cuando reflexionamos?*

La meditación reflexiva es una buena práctica que nos ayuda a ver con mayor claridad y precisión cuáles son nuestras fortalezas y responsabilidades. Cuando reflexionamos, por lo tanto, destinamos tiempo a propósito para pensar en lo que hemos hecho, lo que es importante para nosotros ahora y lo que queremos hacer en el futuro. Si queremos hacer esta reflexión con intención y claridad, necesitamos la paz mental que nos da practicar la conciencia plena con frecuencia.

Reflexionar sobre las necesidades de tu niño interior descifrará cada paso del proceso HEAL, lo que te permitirá reflexionar sobre las heridas del niño interior. Presta especial atención a cómo se presentan las heridas en tu cuerpo, dónde se presentan y cómo te hacen sentir. Mira al niño interior como un niño que espera una guía compasiva y presta atención a los dolores en tu cuerpo, las sensaciones en tu corazón y los pensamientos en tu mente durante la sesión.

*Precauciones y advertencias antes de realizar actividades de meditación de autorreflexión*

Presta atención en particular a cualquier molestia o sensación en el plexo solar, el cual constituye gran parte de tu sistema nervioso simpático, conectado a tu cerebro primitivo y a tu niño interior. Puede haber otros problemas de salud relacionados con este dolor, los cuales deberías consultar con tu proveedor de atención médica.

*¿Qué es exactamente el plexo solar?*

El plexo solar, también conocido como el plexo celíaco, es una red de nervios y ganglios ubicados en la zona abdominal. Es una parte integral del sistema nervioso simpático que se encuentra delante de la aorta. Este sistema complejo es el responsable de regular el funcionamiento de varios órganos, entre ellos el estómago, los riñones, el hígado y las glándulas suprarrenales. El dolor en el plexo solar puede provenir de varias condiciones físicas y emocionales.

El plexo solar es un componente vital del sistema nervioso autónomo, el cual regula las funciones corporales fuera del control consciente. Es responsable de regular la digestión y el metabolismo, así como de controlar la respuesta de lucha o huida frente al estrés. El plexo solar puede verse afectado por emociones como la ansiedad y el miedo, las cuales llevan a sensaciones como la de "mariposas en el estómago".

Diferentes factores como una lesión o la inflamación de los órganos o tejidos que rodean al plexo solar pueden provocar dolores en la zona. El estrés emocional, la ansiedad y los traumas también pueden causar dolor en el plexo solar, ya que las sensaciones físicas y emocionales están estrechamente relacionadas. El tratamiento para el dolor en el plexo solar incluye una combinación de enfoques físicos y psicológicos como masajes, técnicas de relajación y terapia.

El plexo solar es responsable de regular muchas funciones corporales vitales. Entender su función puede ayudarnos a adoptar medidas para mantener un equilibrio y aliviar el dolor o las molestias en esta zona.

### E (Explore)–Explora el proceso de la llama gemela

Esta sección no es para todo el mundo. Tuve la fortuna de conectar con mi llama gemela, pero no todas las personas atraviesan el proceso de la llama gemela y algunas no tienen una. Para quienes hayan descubierto y pasado por el proceso de la llama gemela durante la separación, esta sección de la sanación del niño interior te ayudará a ti y a tu llama gemela a fusionarse en la quinta dimensión, y en última instancia, en el mundo físico de la tercera dimensión.

El proceso de la llama gemela es una experiencia espiritual y emocional que involucra a dos individuos que, según se cree, comparten la misma alma. El proceso de la llama gemela es de descubrimiento y crecimiento personal, el cual ocurre cuando dos personas se reúnen tras ser separadas a nivel del alma (Tell, s.f.).

El proceso de la llama gemela implica una profunda sensación de conexión y reconocimiento entre dos personas y suele estar acompañado de emociones intensas y un sentido de propósito. Se dice que el proceso está marcado por etapas de separación y reunión, ya que los individuos resuelven sus situaciones personales y se alinean con sus seres superiores.

Ambos individuos pueden experimentar un crecimiento espiritual durante el proceso de la llama gemela, ya que confrontan sus miedos, sanan las heridas del pasado y aprenden a amar de manera incondicional. Si bien el proceso es un desafío de intensas emociones, se cree que otorga un profundo sentimiento de plenitud y despertar espiritual a quienes lo realizan. Por lo general, una llama gemela realiza el trabajo de sanación primero y su contraparte se beneficia de ello. Cuando se reúnen tras la separación, siguen sanando juntas, pues sanar al niño interior ayuda a reunir a las llamas gemelas.

El proceso de la llama gemela es una experiencia transformadora muy profunda a nivel personal en el camino hacia el crecimiento espiritual.

### ¿Qué es el comienzo consciente y subconsciente del proceso de la llama gemela?

El concepto de llama gemela refiere a la idea de que existe una conexión de almas entre dos personas más allá del plano físico y emocional. El proceso de la llama gemela puede dividirse en dos partes, el comienzo consciente y el comienzo subconsciente.

Por lo general, el comienzo consciente del proceso de la llama gemela ocurre cuando dos personas se conocen y sienten una conexión instantánea profunda. Esta conexión puede manifestarse como una fuerte atracción, una sensación de familiaridad o una fuerza inexplicable que las acerca. Este encuentro inicial puede ser poderoso y transformador y suele llevar a un periodo de atracción y encaprichamiento intensos.

Sin embargo, el comienzo consciente del proceso de la llama gemela es solo la punta del iceberg. El verdadero proceso comienza al entrar en juego los aspectos subconscientes de la conexión, es decir, cuando los aspectos emocionales y espirituales más profundos de la conexión entre llamas gemelas empiezan a surgir.

El comienzo subconsciente del proceso de la llama gemela suele estar marcado por un periodo de separación, conflicto o una intensa confusión emocional. Esto se debe a que la conexión entre almas gemelas despierta una sanación y un crecimiento profundos, un proceso que a veces puede ser difícil y doloroso.

Durante el comienzo subconsciente del proceso de la llama gemela, las personas pueden experimentar una variedad de emociones, entre ellas miedo, ansiedad, confusión y un deseo intenso. Esto se debe a que la conexión entre llamas gemelas ayuda a las personas a confrontar sus inseguridades y miedos más profundos.

El proceso de la llama gemela es un camino espiritual que implica reunirse y conectarse con nuestra "llama gemela", un alma gemela especial que, según se dice, comparte con nosotros la misma alma. Se suele describir al proceso de la "llama gemela" como una experiencia transformadora que despierta una sanación y un crecimiento espiritual muy profundos.

Un aspecto importante del proceso de la llama gemela es la sanación del niño interior. Como mencioné anteriormente, el niño interior representa al nuestro yo de la infancia y puede acarrear las heridas y los traumas de nuestro pasado en la vida adulta. Cuando las llamas gemelas se reúnen, sus energías pueden despertar las heridas del niño interior de la otra, trayéndolas a la superficie para sanar.

A través del proceso de la llama gemela, las personas

pueden trabajar juntas para sanar a su niño interior y darse apoyo en el proceso. Esto involucra identificar y reconocer los traumas del pasado, ofrecer consuelo y validación al niño interior de la otra persona y crear un espacio seguro y propicio para sanar.

La sanación del niño interior en el proceso de la llama gemela puede ser una experiencia transformadora que lleve a un mayor crecimiento emocional y espiritual. A medida que las personas sanan las heridas de su niño interior, se sienten con los pies sobre la tierra y más plenas y equilibradas, lo que les permite abordar la conexión con su llama gemela desde un estado de madurez emocional y alineamiento espiritual.

Al trabajar juntas para identificar y sanar heridas del pasado, las personas pueden crear una base sólida para una conexión más profunda y significativa con su llama gemela. A través de este proceso de sanación, también pueden experimentar un mayor crecimiento emocional y espiritual, lo que conduce a una vida más gratificante y auténtica, pero se necesita de voluntad para confrontar los aspectos más oscuros de uno mismo para salir hacia la luz.

### Conflictos que la llama gemela debe superar y cómo lograrlo

Una de las principales fuentes de conflicto para la llama gemela son los miedos, traumas e inseguridades individuales y compartidos. La conexión entre llamas gemelas aborda estos problemas profundamente arraigados para reconocerlos, sanarlos e integrarlos a través de la autorreflexión, la introspección y el trabajo de sanación. Es un duro proceso que implica conflictos y tensiones considerables en la relación.

Otro aspecto importante del proceso de la llama gemela es el concepto de los egos en espejo. Los egos en espejo refieren a la idea de que comparten una profunda conexión a nivel del alma y reflejan las fortalezas, las debilidades y los deseos más profundos del otro. Este reflejo suele manifestarse en forma de experiencias y conflictos desafiantes en la relación entre llamas gemelas, ya que muchas veces no les gustará lo que ven.

Cuando se encuentran, sienten un intenso reconocimiento del alma y una profunda sensación de familiaridad con el otro. Ese reconocimiento se basa en la energía del alma compartida y el reflejo de la energía del otro. Sin embargo, este reflejo también muestra heridas y problemas profundamente arraigados que cada llama gemela acarrea en su interior, lo que hace del proceso de la llama gemela una experiencia difícil y tumultuosa.

Una forma en la que el efecto de reflejo se manifiesta es a través de las diferencias que puedan tener en términos de personalidad, valores, creencias y metas. Estas diferencias crean tensión y conflicto en la relación entre las llamas gemelas, ya que cada una puede tener problemas para comprender y aceptar la perspectiva de la otra, pero mediante este conflicto, pueden aprender la una de la otra y crecer de maneras que no podrían hacerlo por sí solas.

Para navegar los desafíos del proceso de la llama gemela, es importante que reconozcan y acepten los aspectos reflejados de ellas mismas y de su relación. Al hacerlo, pueden trabajar juntas para sanar e integrar sus diferencias y heridas compartidas, lo que lleva a una conexión más profunda y gratificante.

Para superar los conflictos que surgen en el proceso de la llama gemela, deben aprender a comunicarse de manera abierta y honesta, es decir, que estén dispuestas a compartir sus inseguridades y miedos más profundos, así como sus sueños y esperanzas para el futuro. También implica que estén dispuestas a escuchar y empatizar con la perspectiva de su pareja, incluso si difiere de la suya.

También deben estar dispuestas a realizar un trabajo de sanación de manera individual y en conjunto. Esto puede incluir prácticas como la terapia, la meditación, el trabajo de energías y prácticas espirituales que las ayudarán a confrontar sus miedos, traumas e inseguridades individuales y compartidos.

Deben estar dispuestas a cultivar un profundo sentimiento de confianza y respeto mutuo en la relación. Esto implica estar dispuestas a perdonarse por los errores y traspiés y a trabajar juntas para encontrar soluciones a los conflictos que aparezcan.

Por último, la clave para superar los conflictos durante el proceso de la llama gemela es abordarlos con voluntad para aprender, crecer y evolucionar. Esto implica ser receptivos a los comentarios y la crítica constructiva, así como estar dispuestos a reconocer y trabajar en nuestros defectos y limitaciones. Al abordar los conflictos de esta manera, podemos crear una conexión sólida y armoniosa que sirva como base para la evolución y el crecimiento espiritual.

### ¿Cómo ayuda la conexión con la llama gemela a la sanación del niño interior?

Como el niño interior es la parte de nosotros que acarrea las emociones y los traumas no resueltos de la infancia, puede manifestarse en nuestra vida adulta en forma de heridas emocionales, creencias limitantes y conductas de autosabotaje. En la conexión con la llama gemela, esa conexión profunda e intensa hace que las emociones y los traumas no resueltos salgan a la superficie, lo que permite la sanación y la integración. Esto implica trabajar con las heridas de la infancia y los patrones de comportamiento que ya no nos sirven, así como aprender a cultivar el amor propio, la compasión y la fuerza interior.

Al trabajar en estas cuestiones con la conexión con la llama gemela, las personas pueden experimentar una sanación y una transformación profundas. Aprenden a aceptar a su yo auténtico, sueltan los traumas del pasado y cultivan un profundo sentimiento de amor propio y aceptación. Esto las ayuda a sanar las heridas de su niño interior y avanzar en su camino espiritual con mayor claridad, propósito y plenitud.

Según la antigua filosofía oriental, el amor reconecta a las llamas gemelas y crea la unión entre ellas. ¿Cómo se relaciona esto con la sanación de tu niño interior? El amor propio es una herramienta poderosa para reconectarlas, para regresar el karma y la fortuna a una sola alma y unir en su totalidad. Por lo tanto, tu proceso de sanación requiere que busques y practiques una rutina de amor propio para alentar y encender la unión entre las llamas gemelas.

## A (Activate)–Activa tus límites

Los límites juegan un papel fundamental en la sanación de tu niño interior de muchas maneras. Estas son algunas formas en las que los límites te ayudan a crear autoestima, a ser más consciente de ti mismo y activar el amor propio y la mejora personal:

- **Crean autoestima**: establecer límites para ti mismo te ayuda a comprender lo que vales. Cuando estableces y haces respetar tus límites, te dices a ti mismo que te mereces respeto, cuidado y consideración. Esto te ayuda a crear más confianza y autoestima, ya que te pones firme y priorizas tus necesidades.
- **Aumentan la autoconciencia**: establecer límites te obliga a reflexionar sobre lo que es importante para ti y qué estás dispuesto a tolerar. Este proceso te hará ser más consciente de ti mismo y conocer mejor tus valores, metas y prioridades. Al comunicar tus límites a los demás, mejoras tus habilidades de comunicación y aumentas tu inteligencia emocional.
- **Activan el amor propio y la mejora personal**: los límites también pueden activar el amor propio y la

mejora de uno mismo porque te alientan a priorizar
el cuidado, el crecimiento y la mejora personal. Al
decir que no a las cosas que no se alinean con tus
valores o metas, haces lugar para las cosas que sí se
alinean y priorizas tu bienestar general. Esto te
ayuda a desarrollar un mayor sentimiento de amor
propio, ya que cuidas de ti mismo y valoras tus
necesidades.

Establecer y hacer respetar tus límites es una forma poderosa de sanar a tu niño interior y ayudarte a avanzar hacia una
vida más sana y gratificante.

Los límites pueden actuar como protección interna para tu
niño interior, pues ayudan a crear un entorno seguro y
acogedor que satisface las necesidades emocionales, físicas y
psicológicas del niño. Los límites pueden protegerte de esta
manera:

- **Protección emocional**: los límites protegen el
  bienestar emocional del niño interior al delimitar lo
  que está dispuesto a aceptar de los demás. Al fijar
  límites emocionales, el niño interior puede
  protegerse del abandono, la manipulación y el
  abuso emocional. Por ejemplo, si alguien critica o
  menosprecia constantemente al niño interior,
  establecer el límite de no tolerar ese
  comportamiento protege su estado emocional.
- **Protección psicológica**: los límites también
  protegen el bienestar psicológico del niño interior al
  delimitar de forma clara lo que está dispuesto a
  tolerar en sus vínculos. Al establecer límites
  psicológicos, el niño interior puede protegerse de
  que los demás lo manipulen o se aprovechen de él.
  Por ejemplo, fijar el límite de no participar del

cotilleo o de conversaciones tóxicas protege su autoestima y su bienestar psicológico.

- **Protección física:** los límites también protegen el bienestar físico del niño interior al delimitar lo que está dispuesto a aceptar en su entorno físico. Al fijar límites físicos, el niño interior puede protegerse del daño, el peligro o la violencia. Por ejemplo, fijar el límite de no tolerar la violencia o el maltrato físico protege su seguridad física.

La situación que atravesé de niña, haber sido abandonada al costado de la carretera, es un ejemplo perfecto del maltrato emocional de un padre. Pero si el maltrato emocional persiste en nuestra vida adulta (por ejemplo, un padre que maltrata verbalmente al niño frente a sus nietos o lo menosprecia por cómo luce y actúa), el yo adulto debe establecer límites para frenar ese comportamiento o alejarse de él. Una persona que sufre maltrato emocional puede fijar límites con su padre o madre al limitar su contacto o interacción con ellos. Al hacerlo, protege su bienestar emocional y evita un mayor daño emocional. También puede fijar límites psicológicos al no tolerar ningún tipo de comportamiento manipulador de parte de sus padres. Al establecer estos límites, crea un entorno seguro y de contención para que su niño interior pueda sanar y crecer.

La autorreflexión sobre las necesidades específicas de tu niño interior y el acto de amor propio para unir las llamas gemelas en tu alma te ayudarán a entender qué límites debes imponer para proteger a tu niño interior de salir aún más lastimado mientras sana.

Establecer y hacer respetar tus límites pueden reforzar el cambio de hábitos, formar un vínculo personal sano con tu niño interior y enseñarte a decir que no. Así lo logran:

- **Refuerzan el cambio de hábitos:** los límites ayudan
  a reforzar el cambio de hábitos al establecer
  expectativas y límites claros para ti mismo. Cuando
  impones límites en torno a un hábito o
  comportamiento específico, creas una estructura
  que apoya tu deseo de cambiar. Por ejemplo, si estás
  intentando dejar de fumar, establecer el límite de no
  fumar en tu hogar o en el coche refuerza tu
  compromiso con el cambio y ayuda a evitar
  desencadenantes que puedan llevar a una recaída.
- **Forman un vínculo personal sano con tu niño
  interior:** fijar y hacer respetar límites también
  ayudan a formar una relación personal sana con tu
  niño interior. Al escuchar las necesidades de tu niño
  interior y establecer límites claros que respaldan tu
  bienestar, demuestras amor propio y compasión.
  Esto ayuda a fortalecer el vínculo entre tú y tu niño
  interior y fomentar confianza y seguridad dentro
  de ti.
- **Te enseñan a decir que no:** establecer y hacer
  respetar límites también te enseñan a decir que no,
  una capacidad esencial para mantener relaciones
  sanas y alcanzar tus metas. Al fijar límites claros y
  comunicar tus necesidades de manera efectiva,
  muestras respeto por ti mismo y fijas límites sanos
  en tus vínculos. Esto te ayuda a evitar el
  agotamiento mental, reducir el estrés y proteger tu
  bienestar.

Descubre cómo establecer una relación más sana con tu
niño interior puede ser la clave para transformar tus hábitos
para mejor. Al premiar los ciclos de conductas positivos y evitar
los desencadenantes que llevan a los hábitos negativos, te

liberas del autosabotaje y realizas cambios duraderos en tu vida.

Aprende técnicas valiosas para establecer y hacer respetar varios tipos de límites que satisfacen las necesidades de tu niño interior y los ciclos del hábito. Con este paso vital en tu proceso de sanación, obtendrás el poder para tomar el control de tu vida y lograr un cambio duradero. ¡No dejes pasar esta oportunidad de transformación! Estás camino a vivir una vida gratificante y auténtica.

## L (Lead)–Lidera tus nuevos hábitos de forma consciente

Entonces, si tu niño interior está ocupado controlando tu mente de manera automática, ¿cómo puedes cambiar tus hábitos a través de tu mente consciente?

*Las prácticas del chakra introducen la dualidad de tu identidad*

La palabra *chakra* significa rueda o disco (Lindberg, 2002). Hace referencia a las áreas de energía en el cuerpo que, según se cree, son importantes para la salud física, mental y espiritual.

Las técnicas de chakras son una práctica religiosa que comenzó en la antigua India y que ahora se utilizan en muchos tipos de terapias complementarias y el yoga. En las rutinas del chakra, la mayoría de las personas se centran en los siete chakras principales, los que se ubican en diferentes lugares de la columna.

La idea de una división dentro del ser constituye una de las lecciones más importantes que representan las rutinas de chakras. Cada chakra se conecta con una parte del ser, y al interactuar con estas áreas de energía, podemos aprender más sobre nosotros mismos y encontrar un equilibrio entre las diferentes partes. Por ejemplo, el chakra raíz, ubicado en la base de la columna, está relacionado con el cuerpo humano y los mecanismos de supervivencia, mientras que el chakra de la corona, en la parte superior de la cabeza, se relaciona con la conexión espiritual y una conciencia profunda.

Al trabajar con nuestros chakras, podemos aprender más sobre las diferentes partes de nosotros mismos y cómo encajan entre sí. Podemos traer más armonía y equilibrio a los chakras y sentir más plenitud en nuestro interior con actividades como la meditación, la visualización y las posturas de yoga.

Las rutinas de chakras son una buena forma de aprender cómo el cuerpo y la mente están conectados y mejorar tu salud integral. Al mostrar la naturaleza multifacética del ser, las prácticas de chakras alientan a las personas a descubrir y aceptar todas las partes de sí mismas. Esto trae más autoconciencia, equilibrio y paz mental.

*¿Conoces tus siete chakras principales?*

Existen siete chakras ubicados a lo largo de la columna, cada uno en una parte diferente (Heyl, 2023):

- **Corona:** el chakra de la corona, también conocido como Sahasrara, se sitúa en la parte superior de la cabeza. Es la conexión espiritual con uno mismo, con los demás y con el universo. También impacta en la misión de tu vida.
- **Tercer ojo:** Ajna, también conocido como el chakra del tercer ojo, se sitúa en el entrecejo. Es el chakra responsable de tu fuerte instinto visceral, porque el tercer ojo está a cargo de la intuición. También se lo asocia con la imaginación.
- **Garganta:** Vishuddha, el chakra de la garganta, se sitúa en esta parte del cuerpo. Es el chakra que rige nuestra confianza para comunicarnos verbalmente.
- **Corazón:** este chakra, también conocido como Anahata, se sitúa en el medio del pecho, cerca del corazón. Está relacionado con nuestra capacidad de sentir amor y compasión.

- **Plexo solar:** también conocido como Manipura, este chakra está ubicado en el estómago. Se encarga de nuestra confianza, autoestima y la capacidad de sentir que estamos en control de nuestra vida y nuestras circunstancias.
- **Sacro:** Svadhisthana, el chakra sacro, se ubica debajo del ombligo. Este chakra rige tu energía sexual y artística. También se vincula con cómo te conectas con tus emociones y con las de los demás.
- **Raíz:** el chakra raíz o Muladhara se encuentra en la base de la columna. Brinda una base para la vida y te ayuda a sentirte con los pies sobre la tierra y capaz de superar los desafíos. El chakra raíz está a cargo de las sensaciones de seguridad y estabilidad.

### ¿Cómo afecta un chakra desequilibrado a nuestro bienestar?

El agotamiento del flujo de energía o el exceso de actividad energética en un chakra da diferentes resultados. Cuando un chakra no tiene la suficiente energía, es difícil expresar los valores conectados con ese chakra. Cuando un chakra está hiperactivo, las cualidades que representa se convierten en un motor que rige la vida de un individuo y puede tener consecuencias físicas y psicológicas. Tomemos como ejemplo el primer chakra sobre la seguridad, la supervivencia y la base de la vida. Cuando está inactivo, se manifiesta en tu vida como depresión e inseguridad. Cuando hay exceso de energía, se manifiesta como audacia sin precaución o un exceso de entusiasmo por acumular posesiones materiales, porque necesitas más para sentir seguridad.

### Integra la sanación de chakras y la meditación a tu proceso

Tu cuerpo muestra lo que piensas, lo que sientes y lo que vives en tu corazón y tu mente. Cada pensamiento y sentimiento que hayas experimentado alguna vez queda registrado en tu cuerpo. Cada uno de tus tejidos, fluidos y órganos procesan tus sentimientos, tus sentimientos y los alrededores tanto como tu mente. Lo mismo aplica para tu alma. El alma está asociada con lo que sientes en tu cuerpo y lo que piensas en tus pensamientos.

El concepto de los chakras te ayuda a entender que no eres un rompecabezas con solo tres piezas: alma, cuerpo y mente. En cambio, eres una persona creada de manera única. Sí, hay sinergia y comunicación entre tu cuerpo y tu mente.

La meditación y sanación de chakras son un punto crucial de integración en el proceso. La meditación de chakras integra una perspectiva consciente de la mente, el cuerpo y el niño interior. La sanación de chakras nos permite identificar los bloqueos precisos en nuestra energía y dar paso a la restauración de la llama gemela.

*¿Cómo la sanación de chakras cambia la forma en que el niño interior responde en el futuro?*

Si no lidias con las personas y las cosas que han afectado a tu niño interior en el pasado y las cosas que te suceden en el presente, tendrán un gran impacto en tu bienestar físico y mental. La energía de los chakras puede estancarse o detenerse y hace que tu cuerpo se sienta desequilibrado. Por ejemplo, si no puedes lidiar con la pérdida de un ser querido, puede manifestarse como problemas respiratorios. Si sufriste burlas de niño, la energía puede permanecer en tu sistema nervioso y podrías arrastrarla a futuras relaciones.

Por otro lado, si lidias con tu pasado a través de la reparación de chakras, no arrastrarás tus problemas mentales al futuro. Tu pasado no tendrá tanta influencia sobre ti y habrá menos probabilidades de que hagas cosas que te hagan daño.

*Pasos de la sanación de chakras*

La sanación de chakras incluye muchos pasos, los cuales pueden variar según el enfoque específico que se utilice. Estos son algunos de los pasos más comunes en la sanación de chakras (Shah, 2002; Monroe, s.f.):

- **Diagnóstico:** en el Capítulo 8 veremos los síntomas de un chakra bloqueado. Esto te ayudará a identificar tus síntomas.
- **Limpieza:** tan pronto hayas identificado el bloqueo, puedes usar las técnicas del Capítulo 8 para limpiar tu chakra y recuperar el equilibrio. Esto involucra técnicas de sanación de energía como la meditación, el reiki, la visualización e incluso la música.
- **Equilibrio:** luego de limpiar el chakra, debes trabajar para equilibrar el flujo de energía en el chakra. Esto incluye usar piedras o cristales, la aromaterapia u otras herramientas para fomentar el flujo de energía del chakra.
- **Integración:** el paso final de la sanación de chakras consiste en integrar los cambios realizados en el proceso de sanación a tu rutina diaria, como prácticas de cuidado personal como la meditación y el yoga o cambios en el estilo de vida que fomenten la salud continua del chakra.

La sanación de chakras es una terapia complementaria, y como tal, no debe reemplazar el tratamiento médico para problemas de salud graves. Consulta con un profesional de la salud primero en estos casos.

*La sanación requiere valentía, y todos la tenemos, incluso si tenemos que escarbar un poco para encontrarla.* –Tori Amos

La valentía servirá de mucho para garantizar que la sanación de tu niño interior paso a paso funcione y dure. Si has llegado hasta aquí, felicítate, ¡eres valiente! En el Capítulo 8, hablaremos específicamente sobre cómo sanar los diferentes chakras. A continuación, apliquemos ese valor con el acto de amarse a uno mismo.

## 6

## EXPLORA EL PROCESO DE LA LLAMA GEMELA PARA LA SANACIÓN DEL NIÑO INTERIOR

Alrededor del 44% de las personas piensa que el cuidado personal es una actividad para quienes tienen tiempo de sobra y el 35% piensa que es una actividad para quienes tienen dinero (Cassata, 2019). Sorprendentemente, nos preguntamos por qué trabajar sobre el niño interior es cada vez más popular.

Ignorar al yo, la voz constante de nuestro niño interior, y reprimir nuestros sentimientos subconscientes no ayudará al proceso de sanación. Necesitas amor, compasión, respeto y cuidado, al igual que tu niño interior. Entonces, pasemos directo a ello.

¿Crees que amarte a ti mismo es posible? Deja de dudar de ti mismo y embárcate en el proceso de la llama gemela con amor, compasión y un profundo conocimiento de lo que necesita tu niño interior. Comienza a dar tus primeros pasos practicando la meditación de autorreflexión y abre tu mente a lo mucho que necesitas amor propio, autocompasión y respeto por ti mismo. Es momento de adoptar el rol parental a tu niño interior para sanar la llama gemela que trae plenitud a tu vida, tus relaciones y todo lo que te compone.

## Adopta un rol parental para unir tu conexión con la llama gemela

### *Adopta un rol parental mediante el cuidado personal*

Existen diferentes tipos de cuidado personal que debes aplicar:

- **Físico:** dormir entre siete y ocho horas por noche, dar un paseo en las pausas del almuerzo, hidratarse, ir al gimnasio, etcétera.
- **Emocional:** actividades que te permiten conectarte con tus sentimientos, lidiar con ellos y reflexionar sobre ellos. Por ejemplo, hablar con un terapeuta, escribir en un diario, dibujar, pintar o cualquier otra forma de arte, tocar música, bailar, etcétera.
- **Práctico:** realizar tareas que son importantes en tu vida para evitar situaciones difíciles en el futuro. Por ejemplo, estudiar para mejorar en tu profesión, armar un presupuesto, limpiar el armario, planificar un cronograma diario, comer cuando lo necesitas, preparar comidas para la semana, etcétera.
- **Mental:** cualquier ejercicio que estimule tus procesos cognitivos o te haga aprender más.
- **Social:** actividades que te ayuden a cuidar y conocer mejor a las personas que forman parte de tu vida: desayunar con amigos, tener citas si necesitas compañía, salir a cenar con mamá, hacer tiempo para llamar a tus padres de vez en cuando, etcétera.
- **Espiritual:** actividades que te hacen sentir bien y te ayudan a pensar en cosas más importantes que ti mismo. El cuidado personal a nivel espiritual no tiene que ser religioso, pero para algunas personas sí lo es. Por ejemplo, la meditación, el yoga, visitar un lugar de adoración, pasar tiempo en la naturaleza,

darte tiempo para reflexionar, ayudar en un refugio,
etcétera.

### Adoptar un rol parental mediante el amor propio

Para practicar el amor propio y sanar a tu niño interior
mediante la unión de las llamas gemelas, puedes hacer lo
siguiente:

- Cambiar tu diálogo consciente: háblate a ti mismo y
  habla de ti mismo de manera positiva.
- Poner tus necesidades primero y establecer límites.
- Creer en ti mismo y ser honesto.
- Escuchar a tu cuerpo y a tu niño interior, ser amable
  contigo mismo, perdonarte y aceptarte como eres.
- Tomarte un descanso cuando lo necesites.
- Priorizar las necesidades por encima de los deseos.
- Intentar meditar, aceptarte a ti mismo, no juzgar y
  actuar con amor y amabilidad.

### Adopta un rol parental mediante la autocompasión

Unir la llama gemela con la autocompasión a través del
niño interior implica reunir las partes masculinas y feme-
ninas de ti mismo; de eso trata el concepto de la llama
gemela. Implica desarrollar un sentimiento profundo de
compasión y comprensión hacia tu niño interior, la parte de ti
que está lastimada, vulnerable y sensible y ha sido descui-
dada en el pasado. Al ser amable con tu niño interior,
comienzas a sanar esas heridas y juntas todas las piezas para
hacer de ti una persona más equilibrada y plena, lo que
ayuda a tus vínculos con los demás y a tu sentido general de
bienestar.

La meditación de la compasión es la práctica definitiva para
mostrarle a tu niño interior lo mucho que te importa unir la
llama gemela.

Verse sufrir a uno mismo es doloroso. Aprende a reconfortarte y mostrar compasión a tu niño interior.

**Cómo realizar esta práctica:**

- Encuentra un lugar tranquilo, siéntate y ponte cómodo. Cuando estés listo, cierra los ojos poco a poco.
- Relaja el cuerpo con respiraciones profundas. Deja salir el estrés de las diferentes partes de tu cuerpo, una a la vez.
- Piensa en algún momento complicado que hayas atravesado. Guarda una imagen mental de ese momento para tu interior.
- Reflexiona sobre aquello que te cuesta o te costaba superar. En tu mente, realiza deseos de compasión para ti mismo, por ejemplo, "que mi niño interior esté libre de dolor".

Haz una lista de afirmaciones positivas que puedes decirte en voz alta a ti mismo cuando estés a solas. Usa estas afirmaciones como parte de tus ejercicios de meditación. Estos son algunos ejemplos:

- Soy fuerte, valiente y amable.
- He dado lo mejor de mí.
- Sé que puedo hacerlo.
- Soy una persona hermosa y única.
- No tengo miedo a nada.
- Soy un buen amigo/una buena amiga.
- Puedo lograr mis sueños.

*Adopta un rol parental mediante el respeto hacia uno mismo*

El respeto hacia ti mismo implica que te amas y te cuidas. Sucede cuando te apegas a tus valores y no estás dispuesto a ceder. Eres tu yo auténtico en la vida. Mientras más actúas de maneras que se alinean con tus valores y principios, te sentirás más feliz y seguro de lo que eres. A su vez, esto te hará sentir mejor contigo mismo. Cuando te respetas, no te comparas con los demás ni comparas tu vida con las vidas ajenas. En el mundo digital y competitivo de hoy, esto es aún más importante.

**¿En qué consiste el respeto hacia uno mismo?**

- Prestar atención a lo que te gusta.
- Pensar en lo que crees y por qué crees en ello.
- Hacer un balance de las relaciones que no necesitas y aquellas que ya no te sirven y deshacerte de ellas.
- Ocuparte de las necesidades de tu niño interior.

De eso se trata: amar, respetar y honrar a tu niño interior son las formas más efectivas de adoptar un rol parental para la unión de las llamas gemelas y sentar las bases para lo que viene después. Estas prácticas deben volverse parte de tu vida cotidiana para que tengan un efecto duradero y premiar a tu niño interior por cambiar los hábitos por venir.

*Ámate a ti mismo primero y todo lo demás llegará por sí solo. –*
Lucile Ball

Tu sanación comienza tan pronto aprendes a amarte a ti mismo, lo que luego prepara el camino para cambiar los hábitos del niño interior y borrar las heridas del pasado. Honra a tu niño interior lo suficiente como para adoptar un rol parental como si fuera una criatura. Luego será el momento de fijar límites para proteger a esa criatura y metas para satisfacer sus necesidades.

## 7

# ACTIVA TUS LÍMITES PARA PROTEGER AL PRECIADO NIÑO INTERIOR

*Escuchemos las necesidades de nuestro niño interior, sumiso y preso de las reglas de un mundo adulto.* –Erik Pevernagie

Tienes cuatro veces más posibilidades de tener éxito si escribes tus metas y límites. Sin embargo, no tendrás mucho éxito al sanar a tu niño interior o adoptar un rol parental con tus hábitos y pensamientos si no sabes cómo funcionan las metas y los límites. Los límites no son solo una idea para sanar al niño interior. Se establecen para proteger lo que has comenzado a amar y ponen todo en marcha para el último paso: la integración. Veamos cuáles son los secretos para establecer metas y límites para obtener resultados inquebrantables.

¿Recuerdas cómo usar la autorreflexión para ser más conscientes de todo lo que falló en nuestra vida? ¿Recuerdas cómo descubrir las señales típicas de un niño interior herido? Bueno, es momento de escoger los cambios que quieres realizar y grabarlos a fuego.

Antes de asentar límites realistas, diseña una serie de metas o resultados que te gustaría lograr para cambiar el trauma de tu

niño interior. Los resultados son todo; ellos guiarán tus límites para que sean realistas y comprometidos. Veamos entonces cómo lucen las metas inquebrantables. Ten a mano lápiz y papel para esta sección.

**¿Qué beneficios trae establecer metas y límites realistas?**

Establecer metas y límites realistas pueden ayudarte en tu vida personal y profesional de varias maneras. Estas son algunas de ellas:

- **Mayor motivación**: cuando estableces metas alcanzables, pero desafiantes, te sientes más motivado a trabajar para lograrlas. Las metas poco realistas pueden ser desmotivadoras, ya que sientes que no puedes alcanzarlas, no importa cuánto lo intentes.
- **Más autoestima**: alcanzar objetivos potencia tu autoestima y da una sensación de logro. Cuanto estableces metas y límites realistas, tienes más posibilidades de alcanzarlos, lo que te hace sentir bien contigo mismo y con tus capacidades.
- **Mejor administración del tiempo**: establecer límites te ayuda a manejar tu tiempo de manera efectiva. Al fijar límites sobre cuánto y cuándo trabajas, evitas el agotamiento y te aseguras de tener tiempo para otras actividades importantes, como pasar tiempo con amigos y familiares.
- **Menos estrés:** establecer límites ayuda a reducir el estrés. Cuando tus límites son claros, es menos probable que te sientas abrumado o agotado, lo cual lleva a sentir ansiedad o estrés.
- **Mejores relaciones:** establecer límites ayuda a mejorar tus relaciones con los demás. Al comunicar

tus necesidades y expectativas, evitas los malos entendidos y conflictos y construyes relaciones más fuertes y positivas.

Establecer metas y límites te ayudan a lograr más cosas, sentirte mejor contigo mismo y mejorar tus vínculos y tu bienestar general.

## ¿Cómo comenzar a elegir nuevos límites y metas?

Solía tener problemas para establecer límites por mi miedo al abandono, el cual surgió en mi infancia. Mientras crecía, aprendí que las mujeres en mi cultura deben obedecer siempre y no resistirse a lo que se espera de ellas.

Tanto en mi vida personal como profesional, asumía proyectos y responsabilidades que no eran mías y no comunicaba mis propias necesidades y deseos. Esto me llevó a sentir enojo y resentimiento, lo que con el tiempo causó el fin de mi matrimonio por autosabotear la relación.

Tan pronto comencé con la autorreflexión y la introspección profunda, me di cuenta de que había dejado que los demás me invadieran a nivel físico, emocional, psicológico y mental. Me comprometía en exceso y sacrificaba mi propio bienestar para ayudar a los demás a lograr sus metas. Era la única responsable de mi propio sufrimiento y desgaste. Quizás esto te resulte familiar. ¿Cómo comenzarías a elegir nuevos límites y metas?

### Todo comienza con ser consciente de uno mismo

Puedes cambiar tu manera de sentir y actuar si no te gusta. Eres responsable de todo lo que te sucede a ti y a las personas que te rodean. Acepta que al principio será incómodo. Todo comienza con decir "no" a las cosas que no te ayudan y hacer valer tu opinión sin sentir culpa o vergüenza.

### "No" es una afirmación válida

No es algo que haces en momentos específicos, es un hábito que debes mantener por el resto de tu vida si quieres alcanzar tus objetivos profesionales y personales. ¿Cuál será el primer paso que des hacia la satisfacción, la plenitud y la tranquilidad cuando hablamos de establecer límites sanos?

**Traza la línea**

Debía trazar una línea invisible en la arena para protegerme a mí misma, a mis planes y mis esperanzas para el futuro. Al principio me sentía mal por decepcionar a los demás y no quería herir los sentimientos de nadie, pero luego comencé a decir que no sin dar motivos ni explicaciones. "No" se convirtió en una oración completa para mí. Si bien algunas personas se sorprendieron, sostuve mi creencia de que tenía que fijar límites en mi vida.

**Establece metas SMART**

Para comenzar el proceso de establecer metas y tener éxito, comienza con un proceso de meditación de autorreflexión para identificar cualquier trauma que atormente a tu niño interior. Después usa una meditación de fijación de metas para visualizar los resultados que quieres lograr y siente lo que siente tu niño interior mientras lo haces.

Una vez que tengas una idea clara de tus metas, escríbelas y ponlas en un lugar donde las veas todos los días. Asegúrate de que tus metas sigan de forma meticulosa el sistema SMART de fijación de metas, es decir, que sean específicas (S - *Specific*), medibles (M - *Measurable*), alcanzables (A - *Achievable*), relevantes (R - *Relevant*) y temporales (T - *Time-based*).

Ahora que sabes cómo cambiar las necesidades de protección y sanación y las respuestas automáticas mejoradas de tu niño interior, es momento de establecer límites que se relacionen con tus metas. Por ejemplo, puedes rechazar una invitación a tomar un café con amigos si tienes una reunión de trabajo importante que se alinee con tus metas, o negarte a que tu pareja te maltrate porque tus límites no permiten que nadie trate mal a tu niño interior. Estas meditaciones guiadas en YouTube te ayudarán a establecer metas y límites en tu vida:

- https://www.youtube.com/watch?v=olmV_appq9I
- https://www.youtube.com/watch?v=HCZXr4UNCk8

## Establecer límites para los nueve tipos de sanación del niño interior

Encontrarás nueve tipos de límites, y sí, los necesitas a todos, incluso si al principio escoges un límite por cada tipo. Veamos ejemplos de los tipos de límites y obtén ideas para establecerlos.

### Límites emocionales

Los límites emocionales hacen referencia a las barreras que las personas se imponen a sí mismas con respecto a sus emociones, sentimientos y comportamientos en los vínculos con los demás. Establecer límites emocionales sanos es crucial para mantener el respeto por uno mismo, la autoestima y el bienestar en general.

Por ejemplo, estos son algunos límites emocionales sanos en una relación: ser claros con nuestras necesidades y comunicarlas adecuadamente, decir "no" cuando lo necesitamos, respetar los sentimientos y las necesidades de los demás, no tolerar la manipulación o el maltrato emocional y ser responsables de nuestra propia salud emocional.

Otros ejemplos de límites emocionales sanos son no tolerar comportamientos hirientes o groseros, tomarte tiempo para ti mismo cuando lo necesitas y no dejar que los demás decidan cuánto vales.

También es importante respetar los límites de los demás, incluso si difieren de los tuyos.

Para que podamos fijar límites emocionales, primero debemos conocer lo que sentimos, lo que necesitamos y lo que valemos. Esto implica ser honestos con nosotros mismos y reconocer cuando nuestros valores o necesidades no se cumplen mediante determinadas acciones o situaciones.

Es importante decir cuáles son tus límites de manera clara y firme, con afirmaciones en primera persona, y evitar un lenguaje que ataca o culpa. Apégate a tus límites: asegúrate de que haya consecuencias si los traspasan.

### Límites físicos

Los límites físicos son aquellos en los que las personas se imponen a sí mismas en términos del espacio personal y el contacto físico con otras personas. Fijar y mantener límites físicos sanos es crucial para mantener una sensación de seguridad y autonomía personal en las relaciones.

Por ejemplo, estos son algunos límites físicos sanos: no tolerar la violencia o el maltrato físico, decir "no" al contacto físico no deseado, respetar el espacio personal y los límites físicos de los demás y ocuparse de nuestro propio bienestar y nuestra salud física.

Otros ejemplos de límites físicos sanos son no mantener relaciones sexuales sin sentirse preparado, evitar situaciones o actividades que nos generan incomodidad o inseguridad y fijar límites en el contacto físico con determinadas personas.

Para establecer límites físicos, podemos comenzar por identificar nuestras necesidades y niveles de comodidad con respecto al contacto físico y el espacio personal. También es importante comunicar nuestros límites físicos de manera clara y firme, usando palabras no amenazantes y el lenguaje corporal.

Es importante imponer nuestros límites físicos; para ello, establecemos consecuencias y las hacemos cumplir cuando los traspasan. Esto puede incluir terminar con una relación o limitar el contacto con ciertas personas que no respetan tus límites físicos.

### Límites sexuales

Establecemos límites sexuales en nuestras relaciones íntimas para garantizar nuestro bienestar y nuestra seguridad emocional, física y mental. Son barreras que varían de persona a persona y dependen de nuestras creencias, valores y preferencias personales. Estos son algunos ejemplos de límites sexuales:

- **No es no:** esta es una regla importante que todo el mundo debería seguir. Nadie debe hacer nada sexual con ninguna otra persona sin su consentimiento.
- **El momento indicado:** diferentes personas pueden tener distintas ideas de cuándo quieren tener intimidad con su pareja. Es importante hablar con tu pareja sobre tus límites y asegurarse de que ambos estén de acuerdo.
- **Actividades sexuales:** diferentes personas pueden tener distintas ideas de qué tipo de actividad sexual quieren tener con su pareja. Es importante que tu pareja sepa cuáles son tus límites y asegurarse de que ambos estén de acuerdo.
- **Privacidad:** las personas tienen derecho a la privacidad en la intimidad. Es importante establecer límites con respecto a lo que cuentas a los demás sobre tu vida sexual íntima, como un acto de respeto hacia ti mismo y tu pareja.
- **Protección:** para protegerte a ti y a tu pareja de enfermedades de transmisión sexual (ITS), embarazos no deseados y otras patologías, debes usar protección si eres sexualmente activo.

Establecer límites sexuales puede ser difícil, pero es importante para tu salud y el placer en las relaciones. Aquí tienes algunos consejos para hacerlo:

- **Identifica tus valores:** tómate un tiempo para pensar en lo que crees y valoras con respecto al sexo y la intimidad. Esto te ayudará a fijar límites que se alineen con lo que sientes que está bien para ti.
- **Comunica tus límites:** es importante que comuniques tus límites a tu pareja de manera clara y firme. Hazle saber qué te hace sentir cómodo y qué no.
- **Sé constante:** la constancia es esencial para fijar y mantener límites. Apégate a tus límites y hazlos cumplir de manera constante.
- **Ábrete al compromiso:** si bien es importante ceñirte a tus límites, debes estar dispuesto a ceder y encontrar un término medio que funcione tanto para ti como para tu pareja.
- **Confía en tu instinto:** si algo no se siente bien o te genera incomodidad, confía en tu instinto y dilo. Tu intuición y tus sentimientos son válidos, y es importante que priorices tu seguridad y bienestar.

### Límites en el trabajo

Los límites en el lugar de trabajo son aquellos que las personas imponen en el ámbito laboral para proteger su salud física, mental y emocional. Estos son algunos ejemplos de límites en el trabajo:

- **Carga de trabajo:** las personas tienen derecho a establecer límites en el trabajo para garantizar que no trabajen tanto que terminan perjudicando a su salud y su capacidad de productividad.
- **Días libres:** las personas tienen derecho a tomarse días libres en el trabajo en el caso de enfermedades, emergencias familiares y días de salud mental.

- **Comunicación:** las personas pueden establecer límites en la comunicación con los demás, como limitar los correos electrónicos o las llamadas telefónicas fuera del horario de trabajo, para evitar el desgaste y mantener un equilibrio sano entre el trabajo y la vida personal.
- **Espacio personal:** las personas pueden fijar límites con respecto a su espacio y la privacidad, como no dejar que sus colegas entren a su espacio de trabajo sin autorización.
- **Contacto físico:** las personas tienen derecho a establecer límites en el contacto físico y asegurarse de que sea apropiado para el trabajo.

Establecer límites en el trabajo puede ser difícil, pero es importante para tu salud y tu crecimiento profesional. Aquí tienes algunos consejos para hacerlo:

- **Identifica tus valores:** comienza a tomarte un tiempo para reflexionar sobre tus valores y creencias con respecto al trabajo y las relaciones profesionales. Esto te ayudará a fijar límites que se alinean con lo que valoras.
- **Hazles saber a los demás cuáles son tus límites:** es importante que digas a tus jefes y colegas cuáles son tus límites de manera clara y firme. Hazle saber con qué te sientes a gusto y con qué no.
- **Sé constante:** la constancia es esencial para fijar y mantener límites. Apégate a tus reglas y síguelas en todo momento.
- **Ábrete al compromiso:** si bien es importante ceñirte a tus reglas, debes estar dispuesto a ceder y encontrar un término medio que funcione tanto para ti como para tus colegas.

- **Busca ayuda:** si te cuesta fijar o mantener límites, pídele ayuda a un supervisor, mentor o colega de confianza.

## Límites materiales

Los límites materiales son aquellos que las personas imponen en su entorno físico para proteger sus cosas y su espacio. Puedes establecer límites con respecto a quién tiene acceso a tu espacio personal, tus cosas y tu dinero. Estos son algunos ejemplos de límites materiales:

- **Objetos personales:** las personas pueden establecer límites sobre sus objetos personales al escoger quién puede usarlos y qué tanto los prestan o comparten.
- **Las personas tienen derecho a establecer límites en su privacidad y su espacio personal.** Por ejemplo, pueden establecer que nadie puede entrar a su hogar o lugar de trabajo sin su permiso.
- **Recursos financieros:** las personas pueden establecer límites en sus recursos financieros, como cuánto dinero pueden pedir prestado o prestar a los demás.
- **Tiempo y energía:** las personas pueden fijar límites con respecto a su tiempo y energía al rechazar solicitudes o compromisos que no se adapten a sus valores o prioridades.

Poner límites con respecto al dinero puede ser difícil, pero es importante para tu salud y felicidad. Aquí tienes algunos consejos para hacerlo:

- **Identifica tus valores:** tómate un tiempo para pensar en lo que crees y valoras con respecto al espacio y los bienes materiales. Esto te ayudará a

fijar límites que se alineen con lo que sientes que
está bien para ti.

- **Comunica tus límites:** es importante comunicar de
  manera clara y firme tus límites a los demás. Hazles
  saber con qué te sientes a gusto y con qué no.
- **Sé constante:** la constancia es importante al
  momento de establecer y mantener límites. Apégate
  a tus reglas y síguelas en todo momento.
- **Busca apoyo:** si te cuesta fijar o mantener límites,
  habla con un terapeuta, un familiar o un amigo de
  confianza.
- **Practica el cuidado personal:** establecer límites
  puede ser difícil y quizá haga que sientas culpa o
  ansiedad. Es importante que cuides de ti mismo y
  priorices tu salud al fijar límites.

## Límites de tiempo

Las personas establecen límites con respecto al tiempo y
sus compromisos para proteger su salud mental, emocional y
física, llamados *límites de tiempo*. Pueden establecer estos límites
en el horario de trabajo, las obligaciones sociales y los
momentos de relajación y cuidado personal. Estos son algunos
ejemplos de límites de tiempo:

- **Horario de trabajo:** las personas pueden establecer
  límites en su horario de trabajo al fijar horarios de
  inicio y finalización, limitar las horas extras y no
  llevar el trabajo a casa.
- **Compromisos sociales:** las reuniones familiares, las
  cenas con amigos o los encuentros sociales suman
  estrés adicional en tu tiempo de relajación y cuidado
  personal. Tienes que ser capaz de decir que no y
  comunicar tus límites de manera clara.

- **Tiempo personal:** las personas pueden fijar límites con respecto a su propio tiempo para ocuparse de ellas mismas y relajarse. Por ejemplo, pueden reservar tiempo para la actividad física, la meditación o los pasatiempos.
- **Uso de la tecnología:** las personas pueden establecer límites en el uso de la tecnología, como cuánto tiempo pasan frente a las pantallas.

Establecer límites de tiempo puede ser difícil, pero es importante para tu productividad y tu salud. Aquí tienes algunos consejos para hacerlo:

- **Identifica tus prioridades:** tómate el tiempo para descubrir tus prioridades y valores con respecto al tiempo y los compromisos. Esto te ayudará a fijar límites que se alineen con tus metas y valores.
- **Comunica tus límites:** es importante comunicar de manera clara y firme tus límites a los demás. Hazles saber con qué te sientes a gusto y con qué no.
- **Sé constante:** la constancia es importante para establecer y mantener límites. Apégate a tus reglas de tiempo.
- **Di "no":** aprende a decir que no a los compromisos o pedidos que no se alinean con tus prioridades o valores.
- **Practica el cuidado personal:** establecer límites puede ser difícil y quizá haga que sientas culpa o ansiedad. Es importante que cuides de ti mismo y priorices tu salud al fijar límites.

### Límites intelectuales

Los límites intelectuales son aquellos que las personas imponen en sus pensamientos, creencias y opiniones para proteger su salud intelectual y ayudarlas a comunicarse con los demás de manera sana. Algunos de ellos implican fijar límites en discusiones sobre temas delicados, respetar las opiniones de los demás y no burlarse ni cuestionar a otras personas en términos intelectuales. Estos son algunos ejemplos de límites intelectuales:

- **Temas sensibles:** las personas pueden establecer límites sobre temas sensibles, como la política, la religión y las creencias personales, al hablar menos sobre ellos o no hablar de ellos en absoluto.
- **Respeto por la opinión ajena:** las personas pueden fijar límites al escuchar y respetar las opiniones de los demás, incluso si no están de acuerdo con ellas.
- **Acoso intelectual:** las personas pueden establecer límites al evitar hacer cosas como reírse de los pensamientos o las ideas de los demás o ignorar lo que piensan o sienten.
- **Cuestionamientos:** las personas pueden fijar límites al no cuestionar al otro, es decir, cuando una persona logra que otra dude de sus propios pensamientos, sentimientos o percepciones (en inglés, *gaslighting*).

Establecer límites intelectuales puede ser difícil, sobre todo cuando las personas tienen diferentes ideas o puntos de vista. Aquí tienes algunos consejos para hacerlo:

- **Aclara tus propias creencias:** tómate un tiempo para descubrir lo que crees y piensas sobre temas sensibles. Esto te ayudará a fijar límites con respecto a cómo hablas de esas cosas.
- **Comunica tus límites:** es importante comunicar de manera clara y firme tus límites a los demás. Hazles

saber cuáles temas de conversación estás dispuesto a tocar y cuáles no.

- **Respeta las opiniones ajenas:** si bien es importante fijar límites con respecto a temas sensibles, también lo es respetar las opiniones de los demás, incluso si no estás de acuerdo con ellas.
- **Establece límites:** si alguien cruza tus límites intelectuales, puedes fijar límites o abandonar la conversación.
- **Busca apoyo:** si te cuesta fijar o mantener límites, pide ayuda a un familiar o un amigo de confianza.

### Límites financieros

El término *límite financiero* refiere a los límites que imponemos sobre nuestro dinero para proteger nuestra salud financiera y fomentar buenos hábitos con el dinero. Pueden incluir límites en los gastos, expectativas claras sobre quién es responsable de qué en términos de finanzas en una relación y evitar la codependencia o facilitación financiera.

- **Límites en los gastos:** las personas pueden limitar sus gastos al organizar un presupuesto, no comprar cosas por impulso y no gastar dinero en cosas que no necesitan.
- **Expectativas claras en una relación:** las personas pueden establecer límites en sus responsabilidades financieras en vínculos amorosos o familiares al hablar de cuestiones como las cuentas, la renta/hipoteca y los costos del hogar y llegar a un acuerdo al respecto.
- **Facilitación financiera:** las personas pueden establecer límites con respecto a darles dinero a personas con antecedentes de mala administración

financiera o problemas de adicción al no facilitarles
dinero.

- **Codependencia:** las personas pueden fijar límites
de codependencia financiera al no permitir que
otras personas usen el dinero para controlarlas o
manipularlas y no controlar ni manipular a los
demás con el dinero.

Establecer límites financieros puede ser difícil, sobre todo si
dependes del dinero o estás bajo presión financiera. Aquí
tienes algunos consejos para hacerlo:

- **Establecer metas financieras:** tómate tiempo para
fijar metas y prioridades claras para el dinero. Esto
te ayudará a establecer límites que tengan sentido
para tus metas financieras.
- **Comunica tus límites:** es importante que digas a los
demás de manera clara y firme cuáles son tus límites
financieros. Diles con qué te sientes bien y con
qué no.
- **Apégate a tu presupuesto:** es importante ser
constante al momento de fijar y mantener límites
financieros.
- **Evita conductas facilitadoras:** es importante no hacer
cosas como dar dinero a personas con antecedentes de
mala administración financiera o adicción a las drogas.
- **Busca apoyo:** si te cuesta fijar o mantener límites,
pide ayuda a un terapeuta o un asesor financiero.

### Límites personales no negociables

Los límites personales no negociables son aquellos que las
personas fijan para proteger su bienestar físico, emocional y
mental. Estos límites no son negociables, es decir, no se pueden

alterar ni ceder. Son condiciones esenciales que necesitamos para sentirnos seguros y suelen involucrar cuestiones de seguridad como la violencia física, el maltrato emocional, el uso de drogas o alcohol, la fidelidad y problemas de salud amenazantes. Estos son algunos ejemplos de límites personales no negociables: instalar una cerca de seguridad alrededor de una piscina antes de permitir que vengan niños a casa, terminar una relación por infidelidad o cualquier condición no negociable que se debe cumplir para sentirnos seguros.

Sin embargo, hay que evitar tener demasiados límites no negociables, ya que pueden perder su significado si no se los hace respetar. Es necesario hacer un seguimiento de los límites no negociables; de lo contrario, se vuelve contraproducente.

Ya hemos aprendido los nueve tipos de límites; espero que hayas comprendido mejor los límites necesarios para ti. Te aconsejo que los escribas como una forma de asegurarte de crear límites que protejan tu bienestar, establezcan o mantengan tu carácter único y te permitan centrar tu tiempo, tu energía y tus recursos en lo que es importante para ti.

**¿Cómo le comunicarás a los demás tus límites?**

Es importante ser claros y directos al momento de comunicar nuestros límites. Debemos ser claros y honestos sobre cómo nos sentimos o lo que necesitamos. Si bien establecer límites es difícil, es importante aceptar la incomodidad y seguir adelante para garantizar que nuestras necesidades se cumplan. Puede tomar tiempo y esfuerzo, pero es una parte importante de cuidar de uno mismo y mantener límites sanos en nuestras relaciones.

## Crea y reserva tus límites con pequeños pasos

Crear y reservar nuestros límites en pequeños pasos es un enfoque útil para crear límites fuertes y sanos. Implica comenzar con límites pequeños e incrementarlos poco a poco a medida que te sientes más cómodo con el proceso. Este enfoque evita que te sientas abrumado o estresado y te permite construir tu confianza y asertividad con el tiempo.

- Empieza a fijar límites en tus relaciones, proyectos, finanzas y el trabajo desde el principio.
- Reflexiona sobre ellos con frecuencia.
- Establece límites pequeños y hazlos crecer.
- Mantente constante.
- Sigue una estructura.
- Agrega más cosas o elimina otras si percibes que necesitan un cambio por tu niño interior.

Si alguien cruza la línea de tus límites, no cambies la narrativa de tu niño interior a un diálogo negativo. Responde con respeto y reafirma tus límites. Dale a esa persona una advertencia amable y respetuosa, pero considera reducir las pérdidas si vuelve a cruzar la línea. Solo ten cuidado de no hacer de la violación de los límites una catástrofe.

### No lo conviertas en una catástrofe

La catastrofización es una distorsión cognitiva que involucra magnificar o exagerar los posibles resultados negativos de una situación e imaginar la peor situación posible. Las personas con este comportamiento asumen que los problemas pequeños se convertirán en enormes catástrofes o esperan la peor situación posible en cualquier situación dada.

La catastrofización es un patrón de pensamiento típico asociado con los trastornos de ansiedad, pero también puede ocurrir en personas con depresión u otros problemas de salud mental. Puede provocar un aumento en actitudes de evasión, miedo y ansiedad, lo que afecta la calidad de vida de una persona de manera negativa.

Estos son algunos ejemplos de catastrofización:

- Pensar que un pequeño error en el trabajo hará que te despidan o que nunca más vuelvas a conseguir empleo.
- Pensar que si te rechazan una vez en una relación, jamás volverás a encontrar el amor o ser feliz.
- Imaginar el peor resultado posible de un examen o procedimiento médico, como pensar que un bulto inofensivo es cáncer antes de recibir el diagnóstico.

Es difícil lidiar con la catastrofización por tu cuenta, pero la terapia cognitivo-conductual (TCC) puede ayudarte. La TCC ayuda a reconocer y cambiar patrones de pensamiento negativos como la catastrofización por otros más positivos y realistas. Practicar técnicas de relajación y conciencia plena, como la meditación y la respiración profunda, también puede ayudar a reducir la ansiedad y manejar la catastrofización.

Reflexiona sobre tu comportamiento en todo momento. ¿La otra persona sobrepasó tus límites o tu respuesta se basa en los temores de tu niño interior herido? Si es así, es momento de decir adiós a las relaciones malas que hieren aún más a tu niño interior. La TCC destaca la importancia de ser consciente de uno mismo y de cómo respondemos a los demás.

Cuando reaccionamos a una situación o persona, es esencial dar un paso atrás y evaluar si nuestra respuesta proviene de traumas o heridas del pasado de las que el niño interior intenta protegernos. En algunos casos, las experiencias del pasado influyen en nuestras reacciones, lo que puede no ser una representación acertada de la situación actual.

Sin embargo, si después de reflexionar nos damos cuenta de que la persona sí cruzó una línea o tuvo una actitud perjudicial o tóxica, es esencial actuar y decir adiós a la relación mala.

Esto implica establecer límites, tener una conversación difícil o incluso terminar la relación.

Al priorizar el bienestar del niño interior, podemos tomar decisiones que se alineen con nuestros valores y necesidades, en lugar de permanecer en relaciones que nos lastiman. Puede ser duro, pero es fundamental para nuestra salud emocional y mental. Decir adiós a las relaciones malas nos permite hacer espacio para relaciones sanas y favorables que nutren y alegran a nuestro niño interior.

A estas alturas probablemente ya sabes qué quieres cambiar, qué límites fomentarán ese cambio, cómo debes sanar a tu niño interior, cómo adoptar un rol parental con tu mente subconsciente y cómo reavivar la unión de las llamas gemelas.

Ahora es momento de integrar el trabajo de energía que unifica todo.

# HAZ QUE TUS NUEVOS HÁBITOS SANEN LAS HERIDAS DE TU NIÑO INTERIOR

*La energía es nuestro primer lenguaje verdadero. El alma habla en su lengua materna cada momento de cada día. Es una comunicación sincera que no puede ocultarse ni silenciarse.* –Anthony St. Martin

Ya has reflexionado, has aprendido, te has amado a ti mismo y has hecho las paces con tu niño interior. Ahora es momento de ayudarlo a sanar, poner los cambios en acción e integrar el proceso de sanación para alcanzar resultados óptimos mediante las prácticas de sanación de chakras.

### Cómo usar los siete chakras para sanar a tu niño interior

En el Capítulo 5, vimos que las técnicas de chakras son un tipo de práctica religiosa que comenzó en la antigua India y ahora se aplican en el yoga y en muchos tipos de terapias complementarias. En las rutinas de chakras, la mayoría de las personas se centran en los siete chakras principales, ubicados en diferentes lugares de la columna. La idea de una división dentro del ser constituye una de las lecciones más importantes que expresan las rutinas de chakras. Cada chakra se conecta a una parte diferente del ser, y al conectarse con esas áreas de energía, podemos aprender más sobre nosotros mismos y encontrar un equilibrio entre las diferentes partes. Las personas pueden traer armonía y equilibrio a sus chakras y sanarse a sí mismas con actividades como la meditación, la visualización y posturas de yoga.

Los chakras son centros de energía ubicados a lo largo de la columna que corresponden a diferentes aspectos del ser físico, emocional y espiritual. Cada chakra se asocia con un color, un elemento, un conjunto de cristales, posturas de yoga recomendadas y síntomas de bloqueo y controla diferentes partes del cuerpo y la mente.

### Raíz: el primer chakra

El chakra raíz, también conocido como *Muladhara*, se ubica en la base de la columna y está asociado con el color rojo. Su elemento es la tierra y los cristales recomendados son el jaspe rojo y la hematita. Las posturas de yoga recomendadas para el chakra raíz son la de la montaña y la de flexión sentada hacia adelante. Se desarrolla entre los 1 y 7 años y coincide con nuestras necesidades básicas. Los síntomas de bloqueo son sentimientos de inseguridad, ansiedad y falta de estabilidad. El chakra raíz controla la parte inferior del cuerpo, las piernas y los pies y se asocia con una sensación de estabilidad, seguridad y supervivencia. No puedes estar bien si el chakra raíz está desequilibrado, así como un árbol no puede crecer sin una base fuerte. Si el chakra está desequilibrado o bloqueado, es probable que los demás chakras, desde el sacro hasta la coronilla, también lo estén.

### Síntomas de bloqueo o desequilibrio del chakra raíz

- actitudes controladoras
- rápidos brotes de ira
- falta de voluntad o motivación

- sentir incomodidad o inseguridad cuando se está con otras personas
- sentir cansancio o pereza todo el tiempo

### Cómo desbloquear el chakra raíz

- **Visualiza el color rojo:** empieza por meditar y visualizar una luz rojo brillante en la base del coxis que se extiende por tus piernas y pies y llega hasta el suelo para equilibrar el chakra raíz.
- **Baila:** bailar es una gran forma de sentirte más cómodo con tu propio cuerpo y equilibrar tu chakra. Cantar con música también ayuda a limpiar el chakra de la garganta.
- **Practica la postura del árbol:** las posturas de yoga como la del árbol pueden limpiar el chakra raíz. Apoya el pie izquierdo con firmeza en el suelo, levanta el pie derecho y absorbe creatividad al contraer el abdomen, estirar los brazos sobre la cabeza y sentirte conectado con la tierra.
- **Toma una ducha consciente:** hazte presente y acepta tu ser físico mientras te bañas. Siente de manera consciente cómo el agua cae por tu cuerpo y aprecia la fortaleza de tus piernas.
- **Realiza una caminata consciente:** concéntrate en la conexión entre los pies y la tierra con cada paso para limpiar el chakra raíz mientras das un descanso a tu mente.
- **Mima tus pies:** cuidar de tus pies es una forma de ocuparte de tu cuerpo físico y de la energía del chakra raíz.
- **Medita al aire libre:** meditar en la naturaleza y concentrarte en cómo tus pies te anclan a la tierra; te darán seguridad y equilibrio en tu propio cuerpo.

- **Usa afirmaciones positivas:** las afirmaciones positivas como "soy suficiente tal cual soy" te ayudarán a mantenerte optimista y son un recordatorio de tu base sólida.
- **Prueba un mudra:** usa el mudra del chakra raíz; entrelaza los dedos, extiende los dedos del medio para que se toquen y haz que los pulgares y los dedos índice formen un círculo. Otra opción: baja los brazos y haz el mudra hacia abajo para que los dedos del medio apunten a la región de la pelvis.

### Sacro: el segundo chakra

El chakra sacro, también conocido como *Svadhistana*, se ubica debajo del ombligo y está asociado con el color naranja. El símbolo del chakra del sacro es una flor naranja con seis pétalos alrededor de su centro. Los pétalos de la flor de loto tienen espirales que muestran los ciclos del nacimiento, la muerte y el renacimiento. Su elemento es el agua y los cristales recomendados son la cornalina y la piedra de luna. El elemento del agua representa el flujo, la flexibilidad y la libertad de expresión con respecto a las emociones y la sensualidad. Las posturas de yoga recomendadas para el chakra sacro son las del lagarto y la paloma. Los síntomas de bloqueo incluyen sentimientos de culpa, vergüenza y falta de creatividad. El chakra sacro controla los órganos reproductivos y se asocia con un sentido de placer, las emociones, la creatividad y una satisfacción general con la vida. Cuando el chakra está equilibrado y funciona bien, la relación con nosotros mismos y con el mundo será armoniosa, placentera y acogedora.

Cuando trabajes con este chakra, piensa en cómo te relacionas con los demás y contigo mismo. Descubrirás que tienes un poder creativo infinito y aprenderás cómo tener una relación gratificante. Aprenderás más sobre tus respuestas alternativas y emociones más íntimas y cómo manejarlas. Te sentirás más cómodo a la hora de decirle a los demás lo que quieres, lo que necesitas y cómo te sientes. Aprenderás a expresar tu opinión y cómo comenzar a establecer límites sanos.

**Síntomas de un chakra sacro bloqueado**

Cuando el chakra sacro está desequilibrado, quizás tengas alguno de estos síntomas:

- dolor persistente en la espalda baja
- quistes en los ovarios
- problemas de fertilidad
- infecciones urinarias
- dolor durante la actividad sexual
- problemas en los riñones y la vejiga
- otros problemas en la pelvis o la parte baja del abdomen

Los chakras bloqueados pueden tener un gran impacto en cómo pensamos y sentimos. A nivel psicológico, la energía del sacro bloqueada aparece en forma de problemas como la codependencia o la sensación de que nuestras emociones nos dominan. Tu chakra sacro también puede estar bloqueado si tienes:

- demasiadas fantasías sexuales
- falta de deseo sexual
- problemas para expresar tus sentimientos, necesidades e ideas creativas

**Cómo desbloquear el chakra del sacro**

Si bien ciertos hábitos y desequilibrios en el cuerpo, la mente y el alma pueden bloquear los chakras, con el cuidado y las herramientas adecuadas, podemos volver a alinear estos centros de energía. Aquí tienes algunas formas de hacerlo:

- Enfócate en las posturas de yoga del área del sacro, como la postura de la diosa, del bebé feliz y Malasana.
- Usa piedras y cristales, como la cornalina o el ojo de tigre.
- Toma un baño con aceites esenciales para relajarte.
- Ponte en contacto con tu lado creativo: escribe, baila, haz arte o lo que tú quieras.
- Intenta decir frases positivas. En este enlace tienes algunos ejemplos (en inglés): https://www.throughthephases.com/powerful-sacral-chakra-affirmations/

Con un chakra sacro limpio y equilibrado, tendrás energía para el pensamiento creativo, el movimiento, la reproducción, el deseo, la satisfacción sexual y las relaciones. En las relaciones, podrás decir lo que quieres y necesitas y el placer será una prioridad.

### Plexo solar: el tercer chakra

El chakra del plexo solar (*Manipura*) se ubica arriba del ombligo, en el centro del torso, y está relacionado con el color amarillo. Su elemento es el fuego. La citrina y la calcita amarilla son buenos cristales para usar con él. Las posturas del barco y la plancha son posturas de yoga que ayudan a limpiar este chakra. Una baja autoestima, inseguridad y la falta de fuerza de voluntad son síntomas de un bloqueo. El chakra del plexo solar está a cargo del sistema digestivo y se asocia a nuestro sentido de autoestima, poder personal y confianza.

**Síntomas de un chakra del plexo solar bloqueado**

Estas son algunos síntomas de un chakra del plexo solar bloqueado:

- baja autoestima y falta de confianza

- problemas digestivos como hinchazón, constipación o diarrea
- ansiedad, estrés, cefaleas de tensión y espasmos musculares
- problemas de confianza y control
- falta de motivación y fuerza de voluntad para seguir tus metas
- sentirse estancado en la vida
- otros síntomas físicos como la fatiga

**Cómo desbloquear el chakra del plexo solar**
Estos son algunos métodos efectivos que puedes probar:

- **Practicar yoga:** el yoga puede ayudarte a equilibrar y abrir el chakra del plexo solar. Las posturas focalizadas en el abdomen, como la del barco o la del guerrero III, pueden ser beneficiosas.
- **Meditar:** la meditación es una herramienta poderosa para equilibrar todos los chakras, incluido el plexo solar. Puedes probar con técnicas de visualización que se centren en el color amarillo o usar afirmaciones relacionadas con la confianza y el poder personal.
- **Practicar respiraciones profundas:** los ejercicios de respiración ayudan a liberar tensiones y estimular el chakra del plexo solar. Por ejemplo, la respiración alterna o diafragmática.
- **Usar aceites esenciales:** los aceites de jengibre, limón y menta pueden usarse para estimular y equilibrar el chakra del plexo solar. Los puedes difundir, aplicar de manera tópica o incorporarlos a un baño de inmersión.
- **Usar cristales:** los cristales como la citrina, la calcita amarilla y el ojo de tigre están asociados con el

chakra del plexo solar y ayudan a equilibrar su energía. Los puedes llevar contigo o ponerlos sobre tu abdomen durante la meditación.

- **Practicar el cuidado personal:** el cuidado personal, como un baño relajante, un masaje o pasar tiempo en la naturaleza, ayudan a equilibrar el chakra del plexo solar y reducir el estrés y la ansiedad.
- **Enfocarte en tu dieta:** comer alimentos ricos en fibra y sin azúcar procesado ayuda a cuidar tu sistema digestivo y equilibrar el chakra del plexo solar. Intenta incorporar a tu dieta alimentos amarillos como pimientos, bananas y piñas.

### Corazón: el cuarto chakra

El chakra del corazón (*Anahata*) se encuentra en el centro del pecho. Su color es verde o rosa y los cristales asociados con él son el cuarzo rosa, la aventurina verde, la esmeralda o la rodonita. Está asociado con el elemento del aire, y las poses de yoga recomendadas son las del camello, el pez y la cobra.

Este chakra controla el amor, la compasión, el perdón, las relaciones, la aceptación, la paz interior, la sanación emocional, el equilibrio, la armonía y la empatía. El equilibrio, la paz y la calma son otras sensaciones asociadas al chakra del corazón. Cuando sientes estrés o preocupación, tu cerebro toma el control y bloquea tus sentimientos, lo que a su vez bloquea el chakra del corazón. Esto hace que te apagues tanto a nivel mental como físico.

**Síntomas de bloqueo en el chakra del corazón**

- falta de amor y compasión
- sensación de vacío
- timidez y ansiedad social
- ser demasiado exigente con uno mismo y los demás
- sentimientos de ira y resentimiento

- incapacidad de ceder
- sensación de inseguridad y miedo a la intimidad y las relaciones cercanas
- celos
- problemas cardíacos y pulmonares

**Cómo desbloquear el chakra del corazón**

- **Rodéate de verde:** el chakra del corazón se puede abrir si usamos ropa o joyas verdes y encendemos velas verdes. También se puede abrir o equilibrar con la ayuda de cristales para sanar chakras, como la esmeralda, la malaquita, el jade y la turmalina verde.
- **Practica meditación y yoga:** la meditación y el yoga ayudan a sanar el chakra del corazón si se los practica con frecuencia. Imagina una luz verde sanadora en tu pecho y realiza ejercicios de pranayama o respiración profunda para estimular el elemento del aire asociado con tu *Anahata*.
- **Sé voluntario:** ayudar a los demás puede ayudar a liberar miedos y bloqueos. Escoge una organización benéfica que resuene contigo y te permita compartir tus talentos con los demás. Estar al aire libre es aún mejor para sanar.
- **Deja ir las emociones negativas:** practica soltar los miedos y la ira en el día a día. Cuando las emociones negativas aparezcan, respira profundo e imagina una luz verde que las elimina y te llena de amor. Esto te ayudará a evitar los patrones negativos y reaccionar desde la compasión.

### Garganta: el quinto chakra

El chakra de la garganta está ubicado en el centro del cuello y es responsable del pasaje de energía entre las partes inferiores del cuerpo y la cabeza. El principio de la expresión y comunicación está en el centro del trabajo con el chakra de la garganta.

El nombre en sánscrito más común para el chakra de la garganta es *Vishuddha*, que significa "puro" o "purificación". Este chakra se relaciona con el elemento del sonido y es un instrumento importante para la comunicación y la expresión.

El chakra de la garganta está representado por el color azul turquesa o aguamarina y el color del aura puede ser turquesa o morado grisáceo.

El símbolo del chakra de la garganta es un círculo con 16 pétalos y una media luna con un círculo dentro. Muy a menudo, el símbolo es un círculo con un triángulo que apunta hacia abajo con otro círculo dentro. Los pétalos son color morado o lavanda grisáceo.

Típicamente, este chakra se encuentra a la altura de la garganta, pero tiene un aspecto multidimensional que se extiende desde el frente de la garganta y por detrás en ángulo hacia arriba. Está conectado con varias partes del cuerpo como la boca, la mandíbula, la lengua, la faringe, el paladar, los hombros y el cuello. La glándula asociada a este chakra es la tiroides, la cual desempeña un papel fundamental en la regulación de la energía del cuerpo mediante la temperatura, el crecimiento y el metabolismo.

El chakra de la garganta también está asociado con ciertas características psicológicas y conductuales, como la capacidad de expresarnos con honestidad y la comunicación efectiva, verbal y no verbal. También se lo asocia con los planos más sutiles del alma y las capacidades intuitivas, así como la capacidad de llevar ideas y proyectos a la realidad y saber cuál es nuestro propósito y nuestra vocación. Asimismo, se lo asocia con un buen sentido de sincronización.

Abrir el chakra de la garganta ayuda a alinear nuestra

visión con la realidad, liberar la presión en el chakra del corazón, ubicado debajo, y a conectarse con el cuerpo etéreo, el cual
tiene el modelo o esquema perfecto de las demás dimensiones
del cuerpo. El chakra de la garganta también posee una conexión natural con el chakra sacro, el centro de las emociones y la
creatividad.

**Síntomas de un chakra de la garganta bloqueado**

El chakra de la garganta puede bloquearse o entrar en
desequilibrio y afectar a nuestro bienestar general. Estos son
algunos síntomas de un chakra de la garganta bloqueado:

- dificultad para expresarnos
- timidez o inseguridad
- incapacidad para expresar nuestra opinión o hablar
  por los demás
- miedo a hablar en público
- mentir o engañar constantemente
- dificultad para ser un buen oyente
- problemas de comunicación en las relaciones
- problemas con la voz o dolores de garganta
  frecuentes
- problemas con la creatividad
- sentirse estancado en la vida o falta de inspiración

Estos síntomas indican la necesidad de trabajar para equilibrar el chakra de la garganta y mejorar la comunicación, la
expresión, la creatividad y el bienestar general.

**Cómo desbloquear el chakra de la garganta**

Existen varias maneras de equilibrar el chakra de la
garganta:

- **Exprésate:** di lo que piensas, incluso si es incómodo.
  Escribe tus pensamientos y sentimientos en un
  diario.

- **Realiza actividades creativas:** haz algo creativo que disfrutes, como pintar, cantar o bailar.
- **Practica yoga:** ciertas posturas de yoga, como las del pez y del arado, ayudan a abrir el chakra de la garganta.
- **Medita:** siéntate en silencio y enfócate en tu respiración. Visualiza una luz azul que rodea el área de tu garganta y permite que se abra y libere los bloqueos.
- **Usa cristales de sanación:** ubica sobre tu garganta o usa como joyas cristales azules como el aguamarina, el lapislázuli o la apatita azul.
- **Comunícate:** practica la escucha activa y la comunicación efectiva con los demás. Habla de manera clara y amable.
- **Pasa tiempo en la naturaleza:** pasa tiempo al aire libre en entornos naturales como un parque o un jardín para calmar la mente y conectar con tu yo interior.

### Tercer ojo: el sexto chakra

El chakra del tercer ojo, también conocido como el chakra *Ajna*, se ubica en el centro de la frente, en el entrecejo. El color asociado a este chakra es el índigo, un profundo tono azul-púrpura. El chakra del tercer ojo está asociado con el elemento de la luz y el sentido de intuición.

Se dice que hay varios cristales que ayudan a equilibrar y activar el chakra del tercer ojo, como la amatista, el lapislázuli y el cuarzo transparente. Estos cristales amplifican la intuición, mejoran la claridad mental e incrementan la consciencia de nuestro propio camino espiritual.

Las posturas de yoga recomendadas para equilibrar el chakra del tercer ojo incluyen las posturas del niño, del águila y la flexión sentada hacia adelante. Estas posturas ayudan a llevar el foco y la concentración a la zona de la frente y mejorar la consciencia general.

El chakra del tercer ojo se asocia con la glándula pituitaria y rige la glándula pineal, los ojos y los hemisferios izquierdo y derecho del cerebro. Cuando está equilibrado, fomenta la intuición, las habilidades psíquicas, la imaginación y la creatividad. También ayuda a llegar a estados de consciencia superiores y conectar con nuestra sabiduría interior y el crecimiento espiritual.

### Síntomas de bloqueo en el chakra del tercer ojo

Un chakra del tercer ojo bloqueado se manifiesta como confusión, falta de dirección y la incapacidad para tomar decisiones. Los síntomas físicos incluyen dolores de cabeza, problemas oculares y problemas en los senos nasales. Nos sentimos desconectados de nuestra intuición y nos cuesta confiar en nuestra propia dirección.

### Cómo desbloquear el chakra del tercer ojo

Para desbloquear el chakra del tercer ojo, hay varias prácticas que podemos incorporar a nuestra rutina diaria. La meditación es particularmente útil para activar este chakra, ya que promueve la relajación y la paz interior. Escribir en un diario y otros pasatiempos creativos también ayudan a estimular la intuición y la imaginación. Practicar posturas de yoga enfocadas en el chakra del tercer ojo también son beneficiosas. Pasar tiempo en la naturaleza, sobre todo en el agua, ayuda a limpiar y equilibrar este chakra. Por último, practicar la gratitud y las afirmaciones positivas ayudan a cambiar nuestra mentalidad y fomentar sentimientos de paz interior y claridad.

### *Corona: el séptimo chakra*

El chakra de la corona se encuentra en la parte superior de la cabeza. Su color es blanco o violeta y se asocia con el elemento de consciencia pura. Algunos cristales que pueden usarse para equilibrar el chakra de la corona son la amatista, el cuarzo transparente y la selenita.

Las posturas de yoga recomendadas para el chakra de la corona son la postura sobre la cabeza, la del árbol y la de la flor de loto. Estas posturas estimulan el chakra de la corona y promueven el flujo de energía por todo el cuerpo.

El chakra de la corona está asociado con el nivel supremo de consciencia y representa la conexión con lo divino. Controla la parte superior del cerebro y el sistema nervioso y es responsable del despertar espiritual, la iluminación y la autorrealización.

### Síntomas de un chakra de la corona bloqueado

- sensación de desconexión de lo espiritual
- falta de propósito o dirección en la vida
- confusión y desconexión de nuestro propio cuerpo
- síntomas físicos como dolores de cabeza, migrañas o mareos

### Cómo desbloquear el chakra de la corona

Para desbloquear el chakra de la corona, podemos intentar con la meditación, la oración u otras prácticas espirituales. Practicar la gratitud, conectarse con la naturaleza y pasar tiempo en contemplación silenciosa también ayudan a abrir el chakra de la corona. Las afirmaciones, practicar el perdón y buscar la guía de un mentor o maestro espiritual ayudan a liberar bloqueos y fomentar la conexión con lo divino.

# TU OPORTUNIDAD PARA AYUDAR A OTRO NIÑO INTERIOR

Quizás ya has comenzado el proceso HEAL o estés a punto de comenzar... De cualquier modo, estás en el lugar ideal para compartirlo con alguien más, para que esa persona también pueda lograr la paz y la sanación.

Con solo compartir tu opinión honesta sobre este libro en Amazon, mostrarás a los nuevos lectores dónde encontrar toda la información que necesitan para sanar a su niño interior.

Muchísimas gracias por tu apoyo. Dentro de cada adulto, hay un niño... y todos los niños merecen cuidado y atención.

# CONCLUSIÓN

*Se necesita valor para crecer y convertirte en quién realmente eres.* –
E. E. Cummings

Escribí *Sana a tu niño interior* para profundizar en la complicada
naturaleza del niño interior y cómo sanarlo. Como una persona
que ha pasado por ese proceso, conozco de primera mano el
dolor y la lucha que conlleva tener un niño interior herido.
Gracias a mi experiencia y mi investigación, he logrado
comprender la importancia de sanar al niño interior y cómo
puede tener un impacto positivo en nuestras vidas.

A lo largo de este libro, compartí información y herramientas para ayudar a los lectores a sanar a su niño interior.
Una de las claves es entender de dónde viene el niño interior y
de qué manera el condicionamiento clásico y los traumas familiares lo han afectado. Es crucial escuchar el diálogo interno del
niño interior y aprender a discernir las creencias, los pensamientos, los sentimientos y las respuestas automáticas que
aparecen.

Asimismo, el libro destaca los síntomas típicos de un niño
interior que ha sido herido, el proceso HEAL y los pasos que se

deben seguir para prepararnos para él. También hemos visto cómo usar el proceso de la llama gemela para practicar el amor propio y hacer que el niño interior se sienta pleno. Establecer límites para proteger y sanar al niño interior es vital, y también exploramos la sanación de chakras para cada una de las siete partes del niño interior.

Sin embargo, sanar al niño interior no se trata solo de los pasos y las herramientas; se trata del proceso y la transformación que ocurre en nuestro interior. Como mencioné anteriormente, empleé el trabajo con el niño interior para sanarme y manejar a mi niña interior a través del proceso paso a paso. Y ahora quiero alentar a otras personas a hacer lo mismo.

Para las personas que hayan intentado el proceso HEAL, las invito y aliento a compartir sus historias de éxito. Es esencial celebrar nuestro progreso e inspirar a otras personas que estén pasando por un proceso similar.

A todos los lectores les deseo lo mejor en su proceso para sanar a su niño interior. Hace falta valor, paciencia y perseverancia, pero sé que tienen lo que se necesita para lograrlo y hacer que su luz brille con suficiente fuerza para los demás. Acepten la parte del niño interior que sonríe y contagia alegría. Sean auténticos, siéntanse felices con cómo son y dejen que eso se transmita.

En conclusión, *Sana a tu niño interior* es un libro esclarecedor que brinda a los lectores las herramientas que necesitan para sanar a su niño interior y vivir vidas mejores y más gratificantes. Si has disfrutado de leer este libro, te agradecería que lo calificaras y que compartas tu experiencia conmigo. Juntos podemos seguir difundiendo el mensaje de la sanación del niño interior y crear un mundo en donde todas las personas puedan sanar y vivir vidas plenas.

# BIOGRAFÍA DE LA AUTORA

S. M. Weng, autora de *Sana a tu niño interior*, enfrentó muchos desafíos en su infancia. Cuando solo tenía cuatro años, sus padres se enfadaron con ella y le dijeron que se portaba mal. Muchos años después, pudo reconocer que su comportamiento era normal en relación con la de los niños de esa edad. En este libro lleno de consejos valiosos para los lectores, Susye explica:

"Lo que más me dolió en realidad fue que me dijeran que me abandonarían. Me hizo sentir miserable y asustada".

¿Cuántos de nosotros hemos vivido sentimientos similares de rechazo, dolor, abandono y miedo en nuestra infancia?

Cuando Susye vio que sus seguidores en las redes sociales mencionaban una y otra vez este tipo de problemas, podía identificarse con ellos, por lo que decidió embarcarse en el proceso de escribir este libro.

"Como era una niña de cuatro años, entré en pánico, y sin saberlo, jamás me recuperé de ese evento. Fueron muchos años después, de adulta, cuando comencé la meditación del niño interior para desbloquear mi miedo al abandono, que logré hacer las paces con esa experiencia".

Susye comparte sus conocimientos sobre por qué respondemos y nos comportamos de la forma que lo hacemos y por qué creemos mentiras sobre nuestro valor propio. Viajó por el mundo y usó sus experiencias como oportunidades para encontrar respuestas en prácticas ancestrales.

Tras probar varios métodos, empleó lo que aprendió de la psicología y el espiritualismo para perfeccionar su enfoque. En *Sana a tu niño interior*, combina la cultura oriental y occidental con HEAL, un proceso de sanación con consejos prácticos que puedes seguir a diario, y se concentra únicamente en la meditación del niño interior para completar el proceso de integración y sanación.

# REFERENCIAS

Aguirre, R. T. y Galen, G. W. (2017). Self-image and narcissism in college students [Autoimagen y narcisismo en estudiantes universitarios]. *Journal of College Student Psychotherapy*, 31(1), 1-13.

Alan Keith Tillotson, Nai-Shing Hu Tillotson y Abel, R. (2001). *The one Earth herbal sourcebook: everything you need to know about Chinese, Western, and Ayurvedic herbal treatments* [La guía herbal global: todo lo que necesitas saber sobre trata mientos herbales ayurvédicos, occidentales y chinos]. Twin Streams.

Amaral, R. (2 de noviembre de 2018). *How beliefs affect thoughts and behaviours.* [Cómo las creencias afectan a los pensamientos y comportamientos]. Psychology for Growth. https://psychologyforgrowth.com/2018/11/02/how-beliefs-affect-thoughts- and-behaviours/

Andrade, S. (01 de julio de 2021). *Council Post: The Importance Of Setting Healthy Boundaries* [La importancia de establecer límites sanos]. Forbes. https://www.forbes.com/sites/forbescoa chescouncil/2021/07/01/the-importance-of-setting-healthy-boun daries/?sh=3d380c5e56e4

Asociación Estadounidense de Psicología (2018). *Stress Effects on the Body* [Efectos del estrés en el cuerpo]. Asociación Estadounidense de Psicología. https://www.apa.org/topics/stress/body

Baumeister, R. F. (1999). *The self in social psychology* [El ser en la psicología social]. Psychology Press.

Bee, H. (1992). *The developing child* [El niño en etapa de desarrollo]. Harper Collins.

Cameron, Y. (28 de octubre de 2009). *A Beginner's Guide To The 7 Chakras* [Guía de los 7 chakras para principiantes]. Mind Body Green. https://www.mindbodygreen.com/ articles/7-chakras-for-beginners

Campbell, L. (17 de mayo de 2016). *Personal Boundaries: Types and How to Set Them* [Límites personales: tipos y cómo fijarlos]. Psych Central. https://www.psychcentral.com/lib/what-are-personal-boundaries-how-do-i-getsome#how-to-set-boundaries

Carl Ransom Rogers (1959). *A Theory of Therapy, Personality, and Interpersonal Relationships: Vol. 3: Formulations of the person and the social context* [Una teoría de terapia, personalidad y relaciones interpersonales vol. 3: formulaciones de la persona y el contexto social] (En (ed.) S. Koch, Psychology: A study of science). McGraw Hill.

Cassata, C. (3 de septiembre de 2019). *Why You Don't Need a Lot of Time or Money to Make Self-Care a Priority* [Por qué no necesitas mucho tiempo o dinero para hacer del cuidado personal una prioridad]. Healthline Media. https://www.healthline.com/ health-news/self-care-is-not-just-treating-yourself

Chalfant, M. (21 de marzo de 2018). *A Guided-Meditation for Setting Goals and Achieving Success* [Meditación guiada para establecer metas y alcanzar el éxito]. YouTube. https://www.youtube.com/watch?v=3lRWSACf5vY

Cherry, K. (7 de septiembre de 2022). *What You Should Know About the Peripheral Nervous System* [Lo que debes saber sobre el sistema nervioso periférico]. Verywell Mind. https://www.very wellmind.com/what-is-the-peripheral-nervous-system-2795465

Cherry, K. (23 de febrero de 2023a). *How Classical Conditioning Works: an Overview with Examples* [Cómo funciona el condicionamiento clásico: descripción con ejemplos]. Verywell Mind. https://www.verywellmind.com/classical-conditioning-2794859

Cherry, K. (13 de marzo de 2023b). *Child Development Theories and Examples* [Teorías y ejemplos del desarrollo infantil]. Verywell Mind. https://www.verywellmind.com/ child-development-theories-2795068

CPTSD Foundation (13 de julio de 2020). *The Wounded Inner Child* [El niño interior herido]. CPTSD Foundation. https://cptsdfoundation.org/2020/07/13/the-wounded- inner-child/

Cikanavičius, D. (14 de mayo de 2018). *5 Ways Childhood Neglect and Trauma Skews Our Self-Esteem* [5 formas en las que el abandono y el trauma en la infancia afecta a nuestra autoestima]. Psych Central. https://psychcentral.com/blog/psychology-self/ 2018/05/childhood-self-esteem

Dalien, S. (22 de enero de 2015). *Children Learn Through Their Environment | SpecialEdResource.com* [Los niños aprenden a través de su entorno]. Special Ed Resource. https://specialedre source.com/children-learn-through-their-environment

Enciclopedia sobre el Desarrollo de la Primera Infancia (enero de 2023). *Social violence | Effects of Physical Family and Community Violence on Child Development* [Violencia social - Efectos de la violencia física familiar y comunitaria en el desarrollo infantil]. Enciclopedia sobre el Desarrollo de la Primera Infancia. https://www.child-encyclopedia.com/social-violence/according-experts/effects-physical-family-and-commu nity-violence-child-development

EOC Institute (s.f.). *Chart: How Meditation Unleashes Subconscious Mind Power* [Cómo la meditación libera el poder de la mente subconsciente]. EOC Institute. https://eocinstitute. org/meditation/how-to-harness-your-subconscious-mind-

Exploring Your Mind (9 de diciembre de 2017). *From the Subconscious Mind to the Conscious Mind* [De la mente subconsciente a la mente consciente]. Exploring Your Mind. https:// exploringyourmind.com/subconscious-mind-conscious-mind/

Gillespie, C. (27 de octubre de 2020). *Generational Trauma Might Explain Your Anxiety and Depression—Here's What It Means* [El trauma generacional puede explicar tu ansiedad y depresión. Esto es lo que significa]. Health. https://www.health.-com/ condition/ptsd/generational-trauma

Gartner, J. (2016). *Understanding and treating self-erasure* [Entender y tratar la autosupresión]. Journal of Clinical Psychology, 72(10), 1012-1022.

Great Meditation (8 de diciembre de 2021). *Guided Meditation For Inner Child Healing* [Meditación guiada para la sanación del niño interior]. Youtube. https://www.youtube .com/watch? v=olmV_appq9I

Great Meditation (2022). *Inner Child Healing | 10 Minute Guided Meditation* [Sanación del niño interior - Meditación guiada de 10 minutos]. YouTube. https://www.youtube.com/ watch?v=HCZXr4UNCk8

Heyl, J. (14 de febrero de 2023). *What Are the 7 Chakras and What Do They Mean?* [¿Cuáles son los 7 chakras y qué significan?]. Verywell Mind. https://www.verywellmind .com/the-7-chakras-and-what-they-mean-7106518

Hoffman, J. (2018). *Feeling not good enough: The silent epidemic* [Sentir que no somos lo suficientemente buenos: la epidemia silenciosa]. The Journal of Individual Psychology, 74(2), 80-89.

Holland, K. (17 de octubre de 2018). *Positive Self-Talk: How Talking to Yourself Is a Good Thing* [Diálogo interno positivo: hablar contigo mismo es algo bueno]. Healthline Media. https://www.healthline.com/health/positive-self-talk#benefits-of-self--talk

Jacobson, S. (23 de marzo de 2017). *What is the "Inner Child"?* [¿Qué es el "niño interior"?]. Harley Therapy Blog. https://www.harleytherapy.co.uk/counselling/what-     is-the-inner-child.htm

Jenkins, S. (26 de agosto de 2009). *Money and the Inner Child* [El dinero y el niño interior]. GoodTherapy.org Therapy Blog. https://www.goodtherapy.org/blog/money- and-the-inner-child/

Lewis, M. (1990). *Self-knowledge and social development in early life* [Conocimiento de uno mismo y desarrollo social en la vida temprana]. New York: Guilford. (En L. A. Pervin (Ed.), Handbook of personality, pp. 277–300).

Lindberg, S. (24 de agosto de 2020). *What Are Chakras? Meaning, Location, and How to Unblock Them* [¿Qué son los chakras? Significado, ubicación y cómo desbloquearlos]. Healthline. https://www.healthline.com/health/what-are-chakras#about-chakras

Lumo Health (s.f.). *How to heal your inner child* [Cómo sanar a tu niño interior]. My Therapy Assistant. https://www.mytherapyassistant.com/blog/do-you-have-a-wounded-inner-child-here-are-7-key-signs

Make One Smile (s.f.). *500 Best Quotes about Life that will change you | Great Quotes about Life* [500 mejores frases sobre la vida que te cambiarán - Grandes frases sobre la vida]. Make One Smile. https://makeonesmile.blogspot.com/2018/11/500-best-quotes-about-life-that-will-change-you-great-quotes-about-life.html

Mcleod, S. (2008). *Self-Concept | Simply Psychology* [Autopercepción]. Simply Psychology. https://www.simplypsychology.org/self-concept.html

Mcleod, S. (3 de noviembre de 2022). *Self-Concept in Psychology: Definition, Development, Examples* [Autopercepción en la psicología: definición, desarrollo, ejemplos]. Simply Psychology. https://simplypsychology.org/self-concept.html

Mindworks Team. (18 de diciembre de 2017). *What Is Self-*

*Reflection Meditation? Benefits of Meditation Reflection* [¿Qué es la meditación de autorreflexión? Beneficios de la reflexión en la meditación]. Mindworks Meditation. https://mindworks.org/blog/self-reflection-meditation

Monroe, A. (s.f.). *Chakra Healing: 9 Amazing Ways To Clear Your Chakras* [Sanación de chakras: 9 formas increíbles de limpiar tus chakras]. www.psychics4today.com. https://www.psychics4today.com/chakra-healing/

Miller, A. (2019). Self-love, self-care, and mental health [Amor propio, cuidado personal y salud mental]. *Journal of the American Academy of Psychiatry and the Law*, 47(4), 498-502.

Parenting For Brain (25 de julio de 2019). *Classical vs Operant Conditioning* [Condicionamiento clásico frente al condicionamiento operante]. ParentingForBrain. https://www.parentingforbrain.com/classical-vs-operant-conditioning/

Pikörn, I. (30 de agosto de 2019). *Noticing, Healing and Freeing Your Inner Child* [Notar, sanar y liberar a tu niño interior]. Insight Timer Blog. https://insighttimer.com /blog/inner-child-meaning-noticing-healing-freeing

Positive Creators (9 de marzo de 2020). *How Does The Subconscious Mind Create Reality* [Cómo la mente subconsciente crea la realidad]. Positivecreators.com. https://positivecreators.com/how-does-the-subconscious-mind-create-reality/

Raypole, C. (5 de febrero de 2021). *Habit Loop: What It Is and How to Break It* [Ciclo del hábito: qué és y cómo romperlo]. Healthline. https://www.healthline.com/health/ mental-health/habit-loop

Scott, E. (24 de mayo de 2022). *The Toxic Effects of Negative Self-Talk* [Los efectos tóxicos del diálogo interno negativo]. Verywell Mind. https://www.verywellmind.com/negative-self-talk-and-how-it-affects-us-4161304

Shah, P. (2 de abril de 2020). *What the Chakras Teach Us About the Mind and Body Connection* [Lo que los chakras nos enseñan sobre la conexión mente-cuerpo]. Chopra. https://

chopra.com/articles/what-the-chakras-teach-us-about-the-mind-and-body-connection

Shapiro, L. E. (2018). *Understanding and treating anxiety disorders: An integrative approach to healing the wounded self* [Entender y tratar trastornos de ansiedad: un enfoque integrador para sanar el ser herido]. Asociación Estadounidense de Psicología.

Stokes, V. (6 de diciembre de 2021). *Want to Deepen Your Sensuality? Look to the Sacral Chakra* [¿Quieres profundizar tu sensualidad? Observa el chakra del sacro]. Healthline. https://www.healthline.com/health/mind-body/sacral-chakra

Thomas, D. (30 de enero de 2023). *Highly Inspirational David Goggins Quotes* [Frases de David Goggins muy inspiradoras]. Your Positive Oasis. https://yourpositiveoasis.com /david-goggins-quotes/

Thomas, G. O., Poortinga, W. y Sautkina, E. (2016). *Habit Discontinuity, Self-Activation, and the Diminishing Influence of Context Change: Evidence from the UK Understanding Society Survey* [Interrupción de hábitos, autoactivación y la menor influencia del cambio de contexto: evidencia de la encuesta de Understanding Society UK]. *PLOS ONE*, 11(4), e0153490. https://doi.org/10.1371/journal.pone.0153490

University of Minnesota (s.f.). *Reflective Practices* [Prácticas reflexivas]. Bakken Center for Spirituality & Healing. https://csh.umn.edu/academics/whole-systems-healing/ reflective-practices

Wible, P. (13 de abril de 2021). *Did your wounded child choose your career?* [¿Tu niño interior herido eligió tu profesión?]. Pamela Wible MD. https://www.idealmedicalcare.org/did-your-wounded-child-choose-your-career/

Wisneski, L. y Anderson, L. (2005). The Scientific Basis of Integrative Medicine [La base científica de la medicina integradora]. *Evidence-Based Complementary and Alternative Medicine*, 2(2), 257–259. https://doi.org/10.1093/ecam/neh079

York Morris, S. (12 de julio de 2016). *What Are the Benefits of*

*Self-Talk?* [¿Cuáles son los beneficios del diálogo interno?].
Healthline Media. https://www.healthline.com/ health/mental-
health/self-talk

Zander, M. (2019). *The Age of Reason* [La edad del reazona-
miento]. Scholastic.com. https://www.scholastic.com/parents/
family-life/social-emotional-learning/development-milestones/
age-reason.html

# OTRAS OBRAS DE S. M. WENG

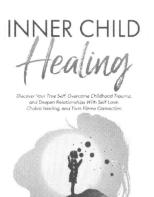

https://geni.us/CJX9VKb

Made in the USA
Columbia, SC
27 December 2024

50713710R00095